미합중국
건국의 아버지들

미합중국
건국의 아버지들

ⓒ 이종권, 2023

초판 1쇄 발행 2023년 7월 4일

지은이   빈센트 윌슨, Jr.
옮기고 엮은이 이종권
펴낸이   이기봉
편집   좋은땅 편집팀
펴낸곳   도서출판 좋은땅
주소   서울특별시 마포구 양화로12길 26 지월드빌딩 (서교동 395-7)
전화   02)374-8616~7
팩스   02)374-8614
이메일   gworldbook@naver.com
홈페이지 www.g-world.co.kr

ISBN   979-11-388-2009-7 (03330)

The BOOK OF THE FOUNDING FATHERS

미합중국 건국의 아버지들

미국독립선언문 · 미합중국헌법
"다시 주한미국대사관에게 바란다"

빈센트 윌슨, Jr. 저 | 이종권 편역

좋은땅

저자 서문

건국의 아버지들은 하나의 독립국을 창건하였으며 전 세계 민주주의 역사상 가장 오랫동안 지속된 정부 시스템에 그 형태와 실체를 부여하였다. 이 200년의 기록은 당연히 이 독립국가를 지속적으로 유지해 왔던 사람들의 덕분이기도 하지만 그것을 일으키기 위해서 많은 것을 감수했던 사람들 그리고 그 정부 체계를 창조해 냈던 사람들이야말로 아메리카 영웅들의 전당에서 항상 특별한 자리에 모셔져야 한다.

건국의 아버지들은 단일한 배경에서 나오지 않았다. 대부분은 자산가였고 소수의 부자들이 있었다. 그들은 변호사, 의사, 상인, 군인, 인쇄업자, 과학자, 농부 그리고 농장주였으며, 성공을 이룬 사람들이었다. 그들은 자유와 평화를 향유했고, 결코 그것들을 포기하지 않고 좋은 목적에 사용했던 사람들이었다. (부를 상속받은 소수를 제외하면) 그들은 신세계에서 자신들의 성실과 장점을 살려 기반을 닦은 적극적인 사람들이었고, 폭정을 경험한 바 있어 자유를 숭상하며, 법의 중요성 그리고 정부 권력의 제한이 중요하다는 점을 인식한 사람들이었다. 그리하여 그들은 국가의 최고 권력은 특정인 또는 특정인들의 단체가 아닌 법의 체계, 즉 헌법에 기초해야 한다는 데 최종적으로 합의했다.

건국의 아버지들은 인류 역사상 독특한 도전과 기회에 직면했다. 왕과 여왕이 백성들의 삶과 죽음에 절대적인 권력을 행사했던 세계였던 18세기에 그들은 그러한 권력에 도전을 감행했다. 그리고 일단 (그 도전에) 성공하자 그들이 할 수 있는 가장 완벽한 정부를 창출하는 데 매진했고, 그것을 작동시켰다.

그 지도자들의 일부는 그들 앞에 놓인 기회가 특별한 것이라는 사실을 명백히 인식하고 있었다. 1787년 필라델피아 회의에서 조지 메이슨은 "미대륙의 이목이 이 회의에 집중되어 있습니다."라면서 "전체 공동체가 커다란 기대를 가지고 있고, 이 회의의 결과는 어떠한 방식으로든 우리의 운명에 영향을 미칠 것입니다."라고 썼다.

물론 건국의 아버지들을 규정하는 명단은 존재하지 않는다. 일반적으로 독립선언문과 합중국헌법과 같은 중요한 문서에 서명한 사람들이 그 후보자로 인식되고 있기는 하지만 말이다. 그러나 패트릭 헨리, 조지 메이슨, 그리고 존 마샬 등과 같이 서명에는 참여하지 않았지만 합중국 성립에 엄청난 기여를 했던 사람들도 있다. 반면 일부 서명자들은 서명 말고는 크게 기여한 바가 없는 경우도 있다. 모든 서명자들은 이 책의 말미에 수록되어 있다. 그러나 이 책은 이 나라의 건립에 가장 의미 있는 공헌을 했던 사람들, 대영제국으로부터의 독립이라는 생각을 품고 키웠던 사람들, 용기 있게 단일한 새 나라 건설을 꿈꿨던 사람들, 새로운 나라를 위한 독특한 정부 체계를 창조해 낸 사람들, 그리고 이 새로운 시스템을 세계 최초의 연방 민주주의로 실현해 낸 사람들을 조명하고자 한다.

이들 가운데 몇 명-워싱턴, 애덤스, 제퍼슨, 매디슨, 프랭클린 그리고 해밀턴-은 혁명의 첫 단계로부터 정부의 수립과 안정에 이르는 전 과정에서 기념비적 공헌을 했다. 이들 여섯 명은 독보적이며, 그들의 성취가 없었다면 그들이 이행했던 것처럼 전개되었던 사건들을 상상하기 어렵다. 차분하고 뚝심 좋은 군사 정치지도자 워싱턴, 독립의 전사이자 외교관 애덤스, 철인 정치가이자 외교관 겸 정치지도자 제퍼슨, 헌법과 권리장전의 아버지이자 『연방주의론 논집』의 저자 매디슨, 명석한 군사 참모이자 연방금융제도의 창시자이며 『연방주의론 논집』의 저자 해밀턴, 독립혁명에 프랑스의 지원을 이끌어냈으며 제헌회의에서 헌법 채택을 이끌었던 현명한 외교관 프랭클린-이들 가운데 넷은 초창기의 대통령으로서 이 나라의 첫 번째 사반세기를 이끌었다.

건국의 아버지들은 그 성취가 아무리 위대하다 하더라도 그들이 신이나 혹은 그와 유사한 것도 아니라는 사실을 명심해야 한다. 그들을 기념하여 아무리 높은 동상을 세운다 할지라도 말이다. 불행하게도, 높은 조각상은 역사를 왜곡한다. 그러한 기념비적 사이즈는 보는 이의 경외감을 일으켜 이들은 (우리와) 다른 종류의 사람들이었다는 느낌을 주기 때문이다.

그들은 위대했으나, 정확하게 말하면, 그 까닭은 그들이 때때로 자신들의 이익을 초월하여 더욱 큰 대의에 봉사할 수 있었기 때문이다. 그러나 워싱턴은 땅 욕심이 있었고, 행콕은 허세가 심했으며, 해밀턴은 야심가였고, 애덤스는 말씨름꾼이었으며, 제퍼슨은 꽁한 성격이 있었고 헨리는 독단적이었다. 이들 중 일부는 인권의 이상을 깊이 신봉하였지만 그들 대부분은 인간행동의 기대치에 대한 현실적 인식을 갖고 있었다. 확실히, 헌법은 조심스럽게 균형 잡힌, 분리되었지만 수평적인 부처들로 이루어진 정부를 구현하고 있다. 이것은 공직을 가진 개인은 권력을 남용하는 경향을 갖고 있다는 전제에 기초한다. 따라서 누구도 (권력을) 지나치게 많이 가지면 안 된다. 권리장전 역시 근본적으로 같은 전제, 즉 집단과 정부는 권력을 남용하는 성향을 갖고 있다는 인식에 기초하고 있으며, 따라서 개인은 그 둘로부터의 보호를 보장받아야 한다.

모든 건국의 아버지들이 새로운 국가는 "모든 인간은 창조주로부터 확고한 불가침의 권리를 부여받았으며, 그 일부가 생명, 자유, 그리고 행복추구의 권리이다"라는 원칙에 철저해야 한다고 믿었던 것은 아니다. 조지아와 캐롤라이나 출신들은 노예제도를 그들 생활의 정상적인 일부라고 간주했으며, 그것을 변화시킬 의향이 전혀 없었다. 조지 메이슨이나 토마스 제퍼슨 같은 남부 주 출신들은 자신들이 노예농장의 주인이었음에도 불구하고 노예제도를 최초로 비판했던 사람들이었다. 그러나 노예제 문제가 미국 헌법에서 직접적으로 다루어지지 않았음을 주목하는 것이 중요하다. 제헌회의에서 조지 메이슨,

구버뇌 모리스, 엘브리지 제리 등의 대의원들은 노예제도를 부도덕하고 비인간적이라고 비판했으나 남부주의 대표들은 자신들의 "이해(interest)"에 반하는 조항이 헌법에 포함된다면 연방에 가담하지 않겠다고 경고했다. (그 상황에서) 노예제를 반대했던 이들이 할 수 있었던 최선은 노예수입이 금지되는 시점(1808년)을 명시하는 것뿐이었다. 따라서 이 나라는 "연방"을 성립시키기 위해서 처음부터 노예제 문제에 관한 타협을 해야만 했던 것이다.

그러한 타협에도 불구하고 건국의 아버지들은 오늘날에도 여전히 유효한 것으로 증명된 시스템을 만들어 냈다. 다른 형태의 많은 정부가 산업혁명, 기술혁명 그리고 세계대전을 거치면서 파괴되었거나 폐기되었음에도 오늘날에도 미합중국은 여전히 건재하다. 그리고 그 영향으로 출현한 지구상의 수많은 공화국들, 그것이 바로 이 최초의 현대적 공화국을 만들어 낸 건국의 아버지들의 업적을 증명하는 살아 있는 최고의 증언이다.

편역자 서문

이 책의 번역과 출간을 허락해 주신 니콜라스 윌슨 발행인께 감사를 드립니다. 니콜라스 윌슨 선생님은 이 책의 저자인 빈센트 윌슨, Jr. 의 친아드님으로, 저자께서 병석에 계신 동안 13년이나 병간호를 하시고 돌아가신 후에는 이 책의 발행처인 American History Research Associates의 책임자로서 선친의 저서를 관리하고 계십니다.

이 책을 비롯하여 저자가 쓰고 엮은 책들은 필라델피아의 독립기념관이나 버지니아 샬롯츠빌의 몬티첼로 등 주요 역사유적지에서 보급, 유통되고 있는 스테디셀러입니다. 조사한 바에 따르면 한국에서 미국사American history는 저자나 역자의 미국에 대한 태도와 입장에 따라 편향된 주장과 관점 위주로 기술된 서적들이 서점가의 주류를 이루고 있습니다. 이 책은 평균적 미국인을 위하여 기술되었으며 사실 위주의 교과서적 관점을 소개하고 있습니다.

미국사의 여러 국면 가운데 대한민국이 눈여겨보아야 하는 부분은 건국의 역사입니다. 식민지로 시작하여 독립과 통일과 번영을 성취해 낸 미국의 경험이 대한민국의 미래를 위한 전범으로 활용될 수 있는 여지가 여기에 있습니다. 이 책을 통하여 건국의 아버지로 불리는 미국의 애국자들을 마주하며 대한민국 시민으로서의 국가관을 정립하는 데 도움이 되기를 바랍니다.

독립과 건국의 역사를 인물별로 정리한 것은 이 책의 독특한 장점입니다. 아메리카 혁명은 필연적인 것이었고 그 성공은 당연한 것이었다는 인식이 일반적입니다. 아메리카의 독립과 건국은 수많은 개인들의 재능과 헌신이 조화를 이루며 숱한 역경을 기적처럼 극복한 끝에 탄생한 역사의 오케스트라였음을 이 책은 말하고 있습니다. 그 기적의 오케스트라에 사용된 다양한 악기들이 거대한 혁명의 무대에서 각자 어떤 연주를 했었는지 이 책은 보여 주고 있습니다. 하나의 목표를 향하여 달리는 다양한 인물들의 여정을 음미하며 결과론적 역사 기술방식으로는 느낄 수 없는 감흥을 느끼시길 바랍니다.

번역서로서의 역할과 가치에 충실하고자 최선을 다하였습니다. 관계가 밀접한 국가의 역사임에도 불구하고 주요한 용어들에 대한 우리말 번역이 제대로 정리가 되지 않아 작업이 상당히 곤혹스러웠습니다. 그것들을 정리하는 작업이 필요하다고 여겨져 성심껏 체계를 잡아 보았습니다. 텍스트에 있어서는 원문의 의미는 물론 형식과 느낌까지도 번역하고자 노력하였습니다. 번역서의 모델이 되고자 심혈을 기울였습니다. 저자의 뜻과 수고가 독자 여러분께 걸림 없이 전달되기를 소망합니다.

원서는 당연히 애당초 영어권 독자들을 위하여 출간된 것이므로 한국어 독자들을 위한 배려는 편역자의 몫이라고 생각하였습니다. 이해에 조금이나마 도움이 되고자 일러두기를 작성해 보았습니다. 본문에 들어가시기 전에 참고하시기 바랍니다.

원본에는 없지만 부록으로 미국독립선언문과 미합중국 헌법을 수록하였습니다. 이 책의 주인공들이 무엇을 위하여 싸웠고 무엇을 얻었는지를 함께 수록할 필요가 있다고 판단하였습니다. 여기에 수록하려고 독립선언문을 옮기고 뜻을 새기다가 해설서까지 집필하게 되었습니다. 2022년 7월 4일에 출간된 『이것이 미국독립선언문이다』가 그것입니다. 이 책의 의미와 취지를 살리기 위하여 먼 길을 돌아왔습니다. 이 책과 함께 독자 여러분들의 미국에 대한 관점과 입장과 태도를 형성하시는 데 도움이 되기를 바랍니다.

　　이 책의 초벌 번역을 마친 후 발행인을 찾아갔습니다. 작업을 하게 된 자초지종을 설명하고 한국어 출판을 위한 허락을 구하였습니다. 발행인 니콜라스 윌슨 선생님은 번역자가 이 책을 진심으로 좋아하고 이 책의 내용을 독자들과 나누고자 하려는 뜻을 느낄 수 있다며 그 자리에서 흔쾌히 한국어 출판을 승낙해 주셨습니다. 하늘에 계신 원저자의 축복도 전해 주셨습니다. "My father will be pleased with your work in Heaven." 생전에 뵌 적은 없지만 작업 도중 상상 속에서 무수히 만났던 저자 Vincent Joseph Wilson, Jr. 선생님께 이 책을 바칩니다.

2023년 7월 4일
옮긴이 이종권

시기에 따른 통치 체제와 용어정리

명칭	시기	통치기구	통치법	통치기구 수장	지방정부	지방정부 수장
American Colonies, The 13 colonies, Colonial America 아메리칸 식민지, 13개 식민지, 식민지 아메리카	~1776	the Great Britain 대영제국	English Law 영국법	English King 영국 왕	colony 식민지	governor 총독
United Colonies 식민지연합 The United States of America 미합중국 (연합)* United States 합중국 (연합)	1776 ~ 1790	the Congress of Confederacy 연합회의	the Article of Confederation 연합헌장	President 의장	state** 국 (國)	governor*** president 최고행정관
The United States of America 미합중국 United States 합중국	1790~	Federal Government (Three Branches) 연방정부 (3부)	the Constitution 헌법	President 대통령	state 주 (州)	governor 주지사

* 13개 식민지의 첫 번째 모임 이후 하나의 임의의 정치제제로서 The United Colonies라는 명칭을 사용하다가 독립선언문에서 colony를 state로 승격시켜 표현하고 있다.

The United States of America 또는 The United States는 연합 체제와 헌법 체제에서 공히 사용되는 국호인데, 13개 states의 느슨한 연합체인 연합회의와 1789년 제정된 헌법 체제하의 연방정부의 위상은 확연한 차이가 있다. 같은 명칭이지만 다른 위상으로 존재했던, 연합 체제하의 The United States of America 또는 The United States를 헌법 체제하의 그것과 구분하기 위하여 이 책에서는 (꼭 필요할 경우에 한하여) '미합중국(연합)'이라고 표기하였다.

** 연합헌장 체제의 state는 13개의 state가 각각 남미의 여러 국가들처럼 독립된 국가였다. 이 시기의 state에 포함된 함의를 옮기기 위해서는 state를 '국'이라고 명시하는 것이 정확한 번역이라고 판단하고 꼭 필요한 경우에 이와 같이 표기하였다. Ex) 펜실베이니아 국(國), 델라웨어 국(國). etc. 이 같은 원칙에 따라 상황에 따라 이들 states를 (연합회의) '회원국' 또는 '각국' 등으로 응용하여 옮겨주었다.

*** 연합회의 체제에서는 각 state가 독립국의 위상이었고 또한 state에 따라 그 수장의 타이틀을 governor 또는 president라고 사용하였으므로 이 책에서는 공히 '최고행정관'이라고 옮겼다.

차례

"의장, 나는 이 헌법에 찬성하는 바입니다. 결함이 있다 해도, 그럼에도 불구하고 말입니다. 왜냐하면 우리는 연방정부가 필요하고, 어떠한 형태의 정부라도 훌륭하게 운영된다면 국민들에게 축복이 될 것이기 때문이오. 나아가서 나는 이 정부가 해가 갈수록 훌륭하게 운영될 것이라고 믿습니다. 국민들이 어찌할 도리 없이 전제정부를 필요로 할 만큼 부패하였을 때에는 (이 정부도) 다른 형태의 정부들이 그러했듯 전제 정권으로 전락하게 될 것입니다."

– 벤자민 프랭클린, 제헌회의 연설문 중

매사추세츠의 존 애덤스

워싱턴, 제퍼슨 그리고 매디슨과 같은 위대한 버지니아인들처럼 존 애덤스는 독립혁명에 우뚝 선 인물들 가운데 하나였다. 그들과 마찬가지로 애덤스 역시 이 위대한 드라마의 거의 모든 장면에서 주요한 인물로 활약했다. 그는 독립 운동의 지도자 가운데 하나였다. 독립선언문의 작성에 기여했고 거기에 서명했다. 또한 워싱턴을 대륙군 사령관으로 지명했다. 그리고 유럽의 여러 왕실로부터 이 고군분투하는 신생국에 대한 승인과 지지를 끌어냈다. 그는 (영국과의) 평화협상 대표, 그리고 부통령과 대통령을 역임했으며, 건국초기 걸음마 단계였던 이 나라에 방향을 제시했다. 그들과 마찬가지로 그는 자유와 독립이라는 사상에 형태와 실체를 부여했으며 이것들이 새로운 형태의 정부에서 제도와 관행으로 이행되는 데 기여했다.

거침없는 애국파로서, 애덤스는 독립 사상을 일찌감치 수용했다. 신문지상에서, 팸플릿에서, 그의 저서『정부론』(1776)에서 독립정신을 설파했으며, 대륙회의에서는 영국으로부터의 완전한 독립을 강력하게 주장하여 결국에는 마지못해 하는 대의원들로부터 그가 초안을 잡는 데 기여했던 독립선언문의 인준을 받아냈다. 독립선언문에 관해서 제퍼슨은 애덤스야말로 "대륙회의의 지지를 받는 데 있어서 대들보와 같은 역할을 했다."고 말했다. 뉴저지의 스탁튼은 애덤스를 "아메리카 독립의 거목"이라고 불렀다. 1777년 새로운 나라의 상징이 된 국기의 도안을 고안해 냈던 것도 애덤스였다.

전쟁 기간 동안 그는 대륙회의 전쟁국(Board of War)과 여러 주요 위원회에서 활약했다. 네덜란드에서 초대 아메리카 대표로 활약했고, 오랜 동안의 현지 외교활동 끝에 국가승인과 상당 액수의 차관을 얻어냈으며, 프랑스로 건너가 영국과의 평화조약 타결에 기여했다. 종전 후 그는 유럽의 여러 국가들과 주요 통상협약을 체결하는 데 결정적 역할을 했다. 그리고 초대 주영공사로서 적국이었던 영국과의 우호 관계 수립을 위한 섬세한 외교적 임무를 수행했다. 런던에서는 전쟁 후 여전히 산적했던 문제들을 해결하는 데 기여하였으나 대륙의 미약하고 분열된 연합정부로 인하여 심한 어려움을 겪기도 했다.

애덤스가 부통령과 대통령직에 올랐던 것은 그가 공화국의 탄생을 위해 바쳤던 시기에 보여 줬던 역할, 능력 그리고 헌신을 통해 얻어진 그의 위상을 가감 없이 증명한다. 타고난 지도자이거나 영웅적 인물은 아니었으나 그는 이 땅에서 가장 높은 자리에 올랐다. 워싱턴이라는 강력한 인물의 뒤를 잇는다는 것은 누구에게도 힘든 일이었을 것이다. 애덤스 행정부는 초기부터 정쟁에 휘말리게 되었다. 그러나 그가 탄생에 그토록 많이 기여하였던 그 나라의 운명을 책임질 수 있는 기회를 가질 수 있었던 것은 잘된 일이었다.

BY ASHER DURAND   NEW-YORK HISTORICAL SOCIETY

1735	매사추세츠 브레인트리에서 10월 30일 출생
1755	하버드 졸업
1758	변호사 개업
1774-78	대륙회의 대의원
1778-79	프랑스 공사
1779	매사추세츠 헌법 초안

1780-81	네덜란드 공사
1782-83	파리조약 협상 대표
1785-88	주영공사
1789-97	합중국 부통령
1797-1801	합중국 대통령
1826	7월 4일 매사추세츠 퀸시에서 영면

매사추세츠의 사무엘 애덤스

둘째가라면 서러울 정치 활동가이자 애국파로서, 사무엘 애덤스는 아메리카 혁명의 탁월한 설계자들 가운데 한 명이다. 존 애덤스의 사촌인 이 사람은 괄목할 만한 저돌성으로 자신의 이익은 거의 돌보지 않고 독립의 대의에 헌신했다. 여러 기사와 연설에서 그는 영국의 폭정을 비난했으며 그의 애국파 동지들을 보스턴 "학살"이나 보스턴 티파티 사건 같은 정치투쟁으로 이끌었다. 영국이 식민지에서 세금징수권이 있는지에 대하여 처음으로 문제를 제기한 사람으로서, 스스로 반란 지도자를 자임했다. 실제로 그는 1775년 영국군이 렉싱턴에 주둔한 이후 존 행콕과 함께 추적을 당했던 인물이다.

1765년 애덤스는 시민들에게 공개적으로 인지세법 거부를 독려했고, 뉴욕에서 개최되었던 인지세법 회의를 통한 모든 식민지들 간의 회합을 배후에서 기획했던 주동자였다.

애덤스는 매사추세츠 입법부의 일원으로서 서기관이라는 막강한 권한을 행사했으며, 또한 비공개적으로는 매사추세츠 통신위원회(Committee of Correspondence)의 창립자로서, 그리고 자유의 아들들(The Sons of Liberty)이라는 지하조직의 지도자로 맹활약하며 영국에 저항했다. 이 과격한 애국파 그룹은 여러 차례에 걸쳐 폭력과 시위를 주도했다. 총독의 사저를 급습하기도 했고 영국인 세금징수원의 인형을 만들어 목매달기도 했다.

1770년 3월 5일 일군의 식민지인들이 보스턴에서 영국군을 위협하다가 세 명의 식민지인들이 사망하는 사건이 발생했다. 애덤스와 조셉 워렌은 이 사건을 보스턴 "학살"이라고 명명했고, 이 "학살" 소식은 반영 감정을 불러일으켰다.

애덤스는 1773년 12월 또 다른 사건을 주동했다. 애덤스가 이끌었던 자유의 아들들이 영국 선박에 올라타 선적되어 있던 수백 상자의 차를 바다에 투척했다. 차세에 대한 저항이었다. 애덤스는 정치적 쟁점에 불을 붙이는 선동의 귀재였다.

애덤스는 1774년 1차 대륙회의에 참석했고, 1775년 4월 18일 행콕과 함께 2차 대륙회의에 참석하려고 렉싱턴에 머물고 있을 때 영국군이 그 둘을 추격하고 있다는 폴 리비어의 전갈을 받았다. 그들은 영국군이 도착하기 전 도망쳤고, 바로 그날 최초의 총성이 울렸다.

샘 애덤스는 1781년까지 대륙회의에서 활약했고, 전쟁 후 정부의 고위직을 맡기도 했지만 그의 정열은 독립 그 자체에 있었으므로 그것이 쟁취된 것으로써 그의 목표는 완수된 것이었다. 독립선언문에 서명한 후 그는 이것이 "1775년 4월 19일 직후에 이루어졌어야만 했다"고 썼다.

자유와 독립을 추구하는 여정에서 샘 애덤스는 늘 갈급했다. 그러나 그는 아메리카의 독립이 그의 생전에 실현되는 데 도움이 될 수 있는 사건을 연출할 수 있는 의지와 능력을 갖고 있었다.

BY JOHN COPLEY   MUSEUM OF FINE ARTS, BOSTON

1722	9월 27일 매사추세츠 보스턴 출생	1773	보스턴 티파티 조직
1740	하버드 졸업	1774-81	대륙의회 대의원
1756	보스턴 세금징수원	1781-88	매사추세츠 상원 의장
1765	매사추세츠 의회 대의원	1789-93	매사추세츠 부주지사
1766-74	매사추세츠 의회 서기관	1794-97	매사추세츠 주지사
1772	매사추세츠 통신위원회 창립자	1803	10월 2일 매사추세츠 보스턴에서 영면

메릴랜드의 찰스 캐롤

아메리카에서 가장 큰 지주들 가운데 한 명이었던 찰스 캐롤은 메릴랜드 가톨릭 커뮤니티의 지도자였으며, 가톨릭 신자로는 유일하게 독립선언문에 서명했다. 워싱턴과 행콕처럼 그는 모국에 도전함으로써 자신의 거대한 부를 위험에 빠뜨렸다.

캐롤이 유럽에서 여러 해를 공부한 후 돌아왔을 때 대륙은 영국의 새로운 조세정책, 특히 인지세법으로 분노해 있었다. 가톨릭으로서 그는 공직을 가질 수 없었지만-필명으로 작성한 신문기고 등을 통해서-반대세력의 지도자가 되었다. 그는 식민지의 관찰위원회(committee of observance) 일원이 되었다. 이 단체는 애국파의 활동을 지휘하였으며, 이 지역의 통신위원회이자 메릴랜드의 비공식 의회이다.

1776년 대륙회의는 캐롤을 비롯하여 신대륙 제수이트파의 지도자 가운데 한 명이었던 그의 조카 존, 사무엘 체이스, 그리고 벤자민 프랭클린을 캐나다 파견 사절로 임명했다. 캐나다를 전쟁에 끌어들여 식민지 편에서 싸우도록 하기 위한 시도였다. 그러나 대륙군이 이미 캐나다를 침공했고, 이로 인해 프랑스계 캐나다인들은 아메리카의 대의에 반대했다. 임무는 실패했다.

캐롤은 1776년 6월 캐나다에서 돌아왔다. 메릴랜드 의회가 독립을 위한 확고한 입장을 취해야 할 적절한 시점이었다. 입법부의 승인을 얻어낸 캐롤은 메릴랜드 대표로 선출되어, 독립선언문에 직접 서명까지 하게 되었다.

이후 25년 동안 캐롤은 출신국(메릴랜드/역주)과 합중국에서 맡았던 직무를 탁월하게 수행했다. 전쟁 기간 동안 대륙회의 전쟁국과 그 밖의 주요 부서에서 종횡무진 활약했다.

종교의 자유 옹호론자로서, 캐롤은 메릴랜드 헌법 체계 구축에 공헌했다. 제헌회의 참여는 고사했지만 합중국 헌법은 지지했다. 합중국 초대 메릴랜드 상원 의원 가운데 한 명으로서, 그는 아직 합중국 헌법을 승인하지 않았던 로드아일랜드를 연방에 가입시키는 데 결정적인 역할을 했다. 또한 그는 권리장전이라고 불리는 수정헌법 작성에 힘을 보탬으로써 그가 그토록 많은 것을 걸고 추구했던 신앙의 자유 및 다른 여러 자유도 공고히 하였다.

캐롤이 1832년 생애를 마감할 때 그는 미국에서 가장 부유한 재력가로 평가되었다. 그는 독립선언문에 서명한 마지막 생존자였다.

BY REMBRANDT PEALE   BALTIMORE MUSEUM OF ART

1737	9월 20일 메릴랜드 아나폴리스 출생
1745-57	프랑스 유학
1757-64	영국에서 법학 수학
1775-76	메릴랜드 회의(Maryland Convention) 대의원
1776-78	대륙회의 대의원
1777-1804	메릴랜드 상원 의원
1787	제헌회의 대의원으로 선출되었으나 고사
1789-92	합중국 상원 의원
1832	11월 14일 메릴랜드 볼티모어에서 영면

메릴랜드의 사무엘 체이스

사무엘 애덤스와 패트릭 헨리처럼 사무엘 체이스도 활동가였다. 영국의 폭정을 반대하는 그의 거침없는 연설은 대륙회의 대의원들뿐 아니라 메릴랜드인들의 마음까지 움직여 독립의 대의를 지지하게 만들었다.

건장한 체구와 설득력 있는 태도로 체이스는 20대에 벌써 메릴랜드 식민지 의회에서 지도자로 자리매김했다. 그는 인지세법을 강력하게 반대하였으며 메릴랜드의 애국파 통신위원회를 조직하는 데 기여했다.

대륙회의에서 그는 독립을 위해 목청을 높였던 최초의 연사들 가운데 하나였다. 1776년 초 그는 대륙회의 파견단의 일원으로 벤자민 프랭클린과 존, 찰스 캐롤과 함께 캐나다를 방문했다. 프랑스계 캐나다인으로 하여금 영국과의 전쟁에 가담하도록 설득하기 위한 시도였으나 성공하지 못했다. 체이스는 필라델피아로 돌아와 6월 7일 발표된 리 결의안(Lee's Resolution)에 관한 소식을 들었으나 그 시점에 메릴랜드 대표단은 독립선언에 찬성투표를 할 수 있는 권한을 갖고 있지 못했다. 체이스는 즉시 메릴랜드 주민의 지지를 얻기 위해 필라델피아를 출발하였고, 6월이 지나기 전 메릴랜드 의회는 (대표단이) 찬성표를 던질 것을 승인했다. 메릴랜드가 필라델피아에서 독립선언문에 서명할 수 있게 된 경위이다.

전쟁이 끝난 후 체이스는 합중국 정부 설치에 반대하여 제헌회의 참여를 거부했으나 1790년에 이르러서 그는 연방주의자로 전향했고 워싱턴 대통령은 그를 합중국 대법원 판사로 임명했다. 체이스는 판사로서 긍정적이고 때로는 인상적인 의견으로 유명해졌으며, 그 가운데 일부는 새로운 사법시스템의 영구적인 토대가 되었다. 그러나 때때로 그는 지나치게 강경한 연방주의자였다. 그는 보안법(Sedition laws)을 강력하게 지지하여 애덤스 행정부하에서 통과시켰는데, 그 법은 정부에 대한 정치적 반대를 금지하는 것이었고 제퍼슨과 그의 민주-공화당원들(Democratic-Republicans)은 수정헌법 제1조의 후퇴로 간주했다.

1804년 체이스가 지나치게 과격한 발언을 내놓은 후 하원에서 탄핵절차를 개시했으나 상원에서는 그의 죄를 인정하지 않았다. 그는 계속 직책을 유지했으나 그의 존재감은 그보다 늦게 취임했던 신임 대법원장 존 마샬의 그늘에 가려졌다. 그는 이미 합중국 사법시스템에 상당한 기여를 했지만 건국의 아버지들 가운데 유일하게 탄핵소동을 겪었던 인물로 오명을 얻었다.

BY CHARLES PEALE   MARYLAND HISTORICAL SOCIETY

1741	4월 17일 메릴랜드 소머셋 카운티 출생	1788	메릴랜드 비준회의 대의원
1761	변호사 개업	1788-91	볼티모어 형사법원 판사
1764-84	메릴랜드 의회 의원	1791-95	메릴랜드 일반법원 판사장
1774-78	대륙회의 대의원	1796-1811	합중국 대법원 판사
1776	캐나다 사절단	1811	6월 9일 메릴랜드 볼티모어에서 영면

펜실베이니아의 조지 클라이머

조지 클라이머는 펜실베이니아의 부유한 사업가이자 은행가였고 1770년대 초부터 애국파의 지도자로 부상하여 20년 넘게 공직에서 봉사했으며 독립선언서와 합중국 헌법 모두에 서명했다. 유별난 지적 호기심을 가진 인물로, 그는 또한 필라델피아 미술 아카데미와 필라델피아 농업협회의 사무관직도 역임했다.

펜실베이니아 안전위원회(committee of safety)의 창설 회원이자 영국으로부터 독립을 주장했던 최초의 인물 가운데 한 명이었던 클라이머는 대륙회의로부터 식민지연합의 초대 재무관으로 선임되었으며, 연합정부 운영자금 모금처럼 거의 불가능한 임무를 수행하였는데, 그 가운데 압권은 대륙군 창설이었다. 클라이머는 엄청난 에너지뿐 아니라 자신의 막대한 재산까지도 대의를 위하여 바쳤다. 그는 안전한 경화로 소유하고 있던 모든 현금을 미래가 불투명한 대륙 화폐로 교환했던 것이다.

1776년 말 풍전등화의 필라델피아에서 대륙회의가 퇴각할 때 클라이머는 (로버트 모리스 그리고 조지 월튼과 함께) 가장 기본적인 정부 기능을 사수하기 위하여 남겨진 마지막 3인의 위원회 가운데 한 명이었다. 이러한 위기의 순간 클라이머는 탈진할 정도로 몸을 혹사하다가 본의 아니게 일에서 손을 떼어야만 했다. 그가 회복된 지 얼마 안 되어 영국군은 필라델피아를 함락하여 그의 집을 약탈하고 파괴했다.

의회에서 클라이머는 재정과 관련된 여러 위원회 소속으로 중요한 역할을 수행했다. 전쟁의 마지막 몇 해 동안 그는 다시 한번 군자금 모금을 담당했다.

제헌회의에서 클라이머는 뛰어난 연설가는 아니었지만 자신의 특기, 즉 재정을 담당하는 여러 위원회에서의 탁월한 역할로써 두각을 나타냈다.

1791년 합중국 초대 하원의 첫 임기를 마친 후 클라이머는 위스키 반란(Whisky Rebellion)을 야기했던 말썽 많던 주류세 징수를 위한 연방 징세관으로 복무했다. 그는 조지아에서 합중국과 크리크족(Creek tribe) 간 평화조약을 타결함으로써 그의 공직 경력을 마감했다.

문자 그대로 전 재산을 혁명을 위해 내걸었던 부호로서, 영국군에 의해 자신의 집까지 파괴당했던 클라이머는 일평생 공직에 연연하지 않으면서 독립 운동의 시작부터 그 대의에 봉사했다.

BY CHARLES PEALE

NATIONAL PORTRAIT GALLERY
SMITHSONIAN INSTITUTION

델라웨어와 펜실베이니아의 존 디킨슨

존 디킨슨은 "혁명의 논객"으로서 이 기간에 가장 영향력 있었던 수많은 문서를 집필했다. 인지세법회의에서 발표했던 『권리선언』(1765)으로부터 「연합헌장」(1776), 그리고 파비우스의 편지에 이르는 그의 저술은 합중국 헌법을 최초로 비준했던 두 개의 나라-델라웨어와 펜실베이니아-를 확보하는 데 도움이 되었다.

영국에서 법학을 공부했던 디킨슨은 법이 어떻게 작용해야 하는가에 대해 연구하기 위하여 영국의 법 체계에 몰두했고, 그래서 그의 1776년 이전 저작들은 권력의 남용을 시정하고 식민지들과 영국의 연합을 보존하기 위한 목적으로 쓰여졌다. 그의 가장 유명한 저작은 『펜실베이니아 농부의 편지』(1768)이다. 이 책에서 그는 타운센드법을 비판하였고, 식민지 전역에서 광범위하게 읽혔다. 『상소문』(1774)은 충성의 맹약을 전제한 불만의 진술이자 정의의 호소로서, 대륙회의에서도 채택되었다. 그리고 『무장의 명분과 필요성의 선언』(1775) 역시 대륙회의에서 채택되었는데, 이 선언은 "우리의 자유를 보존하기 위하여" 식민지의 무기 사용을 옹호하며, 식민지인들은 애당초 영국인으로서 갖고 있던 자신들의 자유를 회복하기 위하여 싸우고 있을 뿐이라고 주장했다.

대륙회의에서 디킨슨은 독립선언을 반대했다. 그러나 그것이 선포된 후 그는 그 대의를 지지했으며 연합헌장 초안을 준비했다.

40이 넘어서 민병대에 입대했고 뉴저지와 펜실베이니아에서 전투에도 참가했다. 그는 1779년 의회로 돌아왔고 때맞춰 연합헌장에 서명했다.

델라웨어와 펜실베이니아는 한 명의 영주(proprietor)하에 있었기 때문에 한 사람이 이 두 나라에서 겸직할 수 있었고 1780년대에는 디킨슨이 델라웨어 초대 최고행정관(President) 겸 펜실베이니아 최고행정관으로 재직 중이었다.

1786년경 디킨슨은 연합정부의 단점을 잘 알게 되었으며, 아나폴리스 회의 의장이었던 그는 다음 해에 열렸던 제헌회의를 계획하는 데 영향력을 발휘했다.

디킨슨은 제헌회의에서 조정자로서 중요한 역할을 했다. 그는 안정적인 중앙정부의 필요성을 인식하여 코네티컷의 로저 셔먼에 합류, 인구비례대표(하원)와 동수대표(상원)로 이루어진 두 개의 원으로 구성된 입법부를 상정하는 의견을 지지했다. 대국과 소국 사이의 교착을 풀어준 대타협이었다.

헌법안이 각 주로 송달된 후 디킨슨은 "파비우스"라고 서명된 일련의 편지를 출간하였다. 그것은 헌법을 설명하고 지지하는 글이었으며 델라웨어와 펜실베이니아에서 1787년 12월 (회원국들 가운데) 최초의 비준을 획득하는 데 기여했다. 이 논객은 자신의 역할을 훌륭히 수행했다. 그리고 토마스 제퍼슨은 그를 "혁명의 위대한 지존 가운데 한 분"이라고 칭송했다.

BY CHARLES PEALE   INDEPENDENCE NATIONAL HISTORICAL PARK

1732	11월 8일 메릴랜드 탤봇 카운티 출생	1779-80	연합회의 대의원
1753-57	영국에서 법학 공부	1781-82	델라웨어 최고행정관
1760-65	델라웨어 & 펜실베이니아 입법부 의원	1782-88	펜실베이니아 최고행정관
1765	인지세법회의 대의원	1783	디킨슨 대학 창립자
1770-76	펜실베이니아 입법부 의원	1786	아나폴리스 회의 의장
1774-76	대륙회의 대의원	1787	제헌의회 대의원
1776-78	민병대 준장	1808	2월 14일 델라웨어 윌밍턴에서 영면

펜실베이니아의 벤자민 프랭클린

애국파이자 발명가, 과학자, 철학자, 음악가, 편집인, 인쇄인, 그리고 외교관으로서 벤자민 프랭클린은 일생의 절반 이상을 차지했던 공직 기간 동안 누구와도 비교할 수 없는 성취를 이루는 특권을 누렸다. 그는 자유와 의지로써 인간이 성취할 수 있는 삶의 풍요로움을 시전했던 살아 있는 전범이었다. 많은 의미에 있어서 그는 최초의 아메리칸이었으며 건국의 아버지들 가운데 으뜸이었다.

프랭클린이 견습공 신분에서 만물박사로 부상할 수 있었던 것은 끝없이 확장되는 그의 관심과 궤를 같이했다. 호기심은 그를 여러 분야로 이끌었다. 그는 인쇄술을 마스터했고, 불어를 배웠으며 스토브를 발명했고 전기의 원리를 발견했으며 우편서비스를 체계화했고 멕시코 만류를 발견하는 데 기여했다.

1760년대 영국에서 그는 조국을 대표하여 적대적이고 오만한 관리 앞에서 아메리카의 입장을 옹호했다. 그는 인지세법 철폐에 공헌했고, (영국) 의회에서 아메리카도 대표권을 가져야 한다고 주장했다. 1770년대에 들어서도 지속적으로 영국의 관료들을 설득하였으나 그들은 요지부동이었다. 그는 독립의 대의를 지지하기로 작심하고 귀국했다.

대륙회의에서 프랭클린은 미국의 우정시스템을 만들어 낸 위원회를 이끌었고, 연합헌장 제정에 기여했으며 프랑스의 원조를 이끌어내기 위하여 협상을 시작했다. 그리고 그는 독립선언문 작성에 조력했고 거기에 서명하였다.

프랭클린의 프랑스 공사 임명은 식민지 연합에게 있어서 최고의 선택이었다. 저명한 과학자이자 철학자였던 그는 파리에서 푸근한 환영을 받았다. 세계적 인물로서 외교술까지 겸비한 그의 위상은 프랑스와의 동맹을 체결(1778)하는 데 도움이 되었으며, 그리하여 아메리카 측에 절박했던 군사지원을 얻어낼 수 있게 되었다. 그로부터 얼마 후 그는 영국과의 평화협상을 시작하였고, 프랑스 함대가 워싱턴과 합류하여 요크타운에서 콘월리스 경을 패퇴시키자 영국은 (식민지의) 독립 승인을 심각히 고려했다. 프랭클린은 1783년 9월 3일 평화협정에 서명했다.

귀국 후 프랭클린에게는 중요한 역할이 하나 더 남아 있었다. 제헌회의에 그의 참석 여부는 회의의 무게와 권위에 중요한 요인이었고, 그는 자신의 영향력을 이용하여 갈등을 조정했다. 회의의 마지막 날 그는 대표단에게 호소했다. "이 헌법에는 내가 현재 찬성할 수 없는 부분이 여러 개 있음을 고백합니다. 하지만 나는 그것을 결코 찬성하지 않을 것이라고는 확신할 수 없습니다. 오래 살다 보니 더 좋은 정보 또는 더 깊은 사유로 인하여 중요한 문제까지도 내 의견을 수정해야 했던 경험을 많이 겪었습니다. 내가 한때 옳게 생각했지만 실상 그렇지 않다는 사실을 알게 되었기 때문이었습니다. 이 회의에서 여전히 이 헌법안에 반대하시는 모든 분들은 정말로 오류가 없는지 저와 함께 각자 의심해 보기를 바란다는 말씀을 드리지 않을 수 없습니다. 그리고 우리의 단합을 천명하기 위하여 이 문서에 여러분들의 이름을 쓰시기 바랍니다." 몇 분 후 세 명을 제외한 모든 대의원들이 헌법에 서명했다.

BY JOSEPH WRIGHT   CORCORAN GALLERY OF ART

1706	1월 17일 매사추세츠 보스턴 출생
1718	인쇄소 견습공
1723	필라델피아 인쇄업
1732-58	『가난한 리차드의 연감』 발행인
1736-51	펜실베이니아 의회 서기관
1740	프랭클린 스토브 발명
1752	연 실험으로 번개가 전기임을 발견
1753-74	식민지 우정국 부국장
1757-62	런던 주재 펜실베이니아 대표
1764-75	런던 주재 펜실베이니아, 조지아, 매사추세츠 & 뉴저지 대표
1775-76	대륙회의 대의원
1776-85	프랑스 사절
1783	대영제국과 평화조약 타결
1787	제헌회의 대의원
1790	4월 17일 펜실베이니아 필라델피아에서 영면

매사추세츠의 엘브리지 제리

독립선언문과 연합헌장에 서명했으나 합중국 헌법에 서명하기를 거부했던 애국파 엘브리지 제리는 "부패한 대영제국 정부"로부터 독립을 쟁취하기 위하여 왕성하게 활동하였으나 "과도한 민주주의"의 위험성을 염려했다. 제리는 (헌법안에) 제시된 권력 분립 또는 권리장전의 부재를 받아들일 수 없다는 이유로 제헌회의에서 헌법에 서명을 거부했다. 그는 시민과 시민의 권리를 옹호하면서도 평범한 사람들은 부도덕한 정치인들에 의하여 너무나 쉽게 휘둘리기 때문에 민주주의가 제대로 작동하지 못할 것이라고 믿었다. 그러나 그가 온전히 일관적이지도 않았다. 그는 권력을 선망하면서도 폭정의 개연성을 두려워했기 때문이다.

1770년대 초부터 애국파의 대의에 투신했던 제리는 매사추세츠 통신위원회와 초대 지역의회(Provincial Congress)의 일원으로의 활동에 적극적이었다. 의회의 안전위원회 일원으로서 렉싱턴과 콩코드 전투 하루 전 영국군에 의해서 체포될 뻔했다. 대륙회의에서 그는-크거나 작은 모든 회원국에 동등한 대표권을 보장하는-연합헌장을 지지했다.

제리는 자신의 지역구를 대표하여 합중국 초대 하원 의원을 지냈으나 두 번째 출마는 고사했다. 대신 또 다른 임무로 국가의 부름을 받았다. 프랑스 혁명정부와의 관계개선을 위하여 1797년 애덤스 대통령이 존 마샬과 찰스 핑크니와 함께 그를 프랑스 파견 사절로 낙점했던 것이다. 그런데 X, Y, Z라고 알려진 익명의 프랑스 측 관료들이 사절단에게 뇌물을 요구했고, 이에 굴욕을 느낀 마샬과 핑크니는 즉각 귀국했다. 제리는 남아서 텔리어랑과 협상을 시도했다. 그러나 텔리어랑은 미국과의 전쟁도 불사하겠다고 엄포를 놓음으로써 제리를 이용했을 뿐이라는 것이 정설이다. 귀국하여 제리는 자신이 프랑스와 미국 사이의 긴장을 완화하는 데 기여했다고 주장했다.

매사추세츠 주지사로 재직하던 1812년 제리는 자신이 소속된 민주-공화당에게 유리하도록 독특한 모양의 선거구 재획정을 승인했다. 그 가운데 특히 심했던 어느 지역구는 도롱뇽(salamander)과 흡사한 형태였는데, 어느 만화가가 그것을 동물로 묘사하여 "제리맨더Gerrymander"라고 이름을 붙였다. 그리고 그 이름은 미국의 정치 용어 중 하나로 굳어졌다.

제리는 매디슨이 1812년 두 번째로 대통령에 당선되었을 때 부통령으로 선출되었다. 그리고 현직에서 돌연 순직했다. 그 순간은 아이러니하게도 1787년에 그가 헌법에 반대하여 서명을 거부했던 이유 가운데 하나였던 부통령, 즉 상원 의장의 임무를 수행하기 위하여 의사당으로 향하던 중이었다.

ARTIST UNKNOWN   FOGG ART MUSEUM, HARVARD

1744	7월 17일 매사추세츠 마블헤드 출생	1787	제헌의회 대의원
1762	하버드 졸업	1789-93	합중국 하원 의원
1772-73	매사추세츠 의회 대의원	1797-98	프랑스 특사
1774-75	지역 의회 대의원	1810-12	매사추세츠 주지사
1776-80	대륙회의 대의원	1813-14	합중국 부통령
1786	매사추세츠 의회 대의원	1814	11월 23일 워싱턴 D.C.에서 영면

뉴욕의 알렉산더 해밀턴

전시와 평시를 통틀어 워싱턴의 최측근 심복이었던 알렉산더 해밀턴은 건국의 아버지들 가운데 아마도 가장 뛰어난 작가이자 조직가이며 정치이론가였다. 1776년부터 1795년까지 그는 자신의 위대한 지적 능력으로 새로운 국가가 당면한 가장 중요한 문제들에 대처했다-국가적 위상에 부합하는 헌법을 도출해 내는 일부터 건전한 중앙 재정시스템을 확립하는 일까지.

영국 서인도 제도에서 태어난 해밀턴은 17세에 아메리카에 왔다. 후일 해밀턴과 함께 헌법에 서명했던 뉴저지의 윌리엄 리빙스턴은 이 재능 있는 젊은이를 거둬들여 대학까지 보내 주었다. 1775년까지 해밀턴은 아메리카의 대의를 옹호하는 두 개의 소책자를 출간했다. 그것들은 정부의 원칙에 대한 해밀턴의 비범한 이해를 보여 주는 글이었다.

전쟁 기간 동안 해밀턴은 전투에서 두각을 나타내어 워싱턴의 부관으로 복무했다. 워싱턴의 사령부를 조직했고 워싱턴의 많은 성명서와 군사규율을 모두 작성했다.

강력한 중앙정부 옹호론자였던 해밀턴은 아무런 결론도 도출해 내지 못한 아나폴리스 회의에서 "합중국(연합)의 상황을 검토하기 위하여, (그리고) 연합의 긴박한 요구에 부응하는 연방정부의 헌법을 만들기 위하여" 다음 해에 필라델피아에서 회의를 개최한다는 합의를 끌어냈다. 신중하게 표현된 그의 제안은 그가 했던 말보다 더 많은 것을 가능케 했다-제헌회의로 가는 길을 열었던 것이다. 그의 역할은 제헌회의 현장에서보다 그 이후에 더욱 두드러졌다. 헌법의 비준에 필요했던 대중적 지지를 얻는 데 기여했던『연방주의론 논집』에 수록된 85편의 글 가운데 50편을 해밀턴이 작성했다.

초대 재무장관으로서 해밀턴은 포괄적 재정시스템을 고안하여 시행 즉시 성공을 입증했다. 연방정부가 각 주의 전쟁부채를 책임지며, 이 부채와 외채를 해결하기 위하여 소비세, 국립은행, 그리고 보호관세를 신설할 것을 제안했고, 이러한 조치들은 미국의 산업을 진흥시켰다. 이러한 조치로 혜택을 받은 사업가들은 점차 해밀턴 아래로 뭉쳐 정당을 형성했다. 연방주의당의 초대 지도자로서, 해밀턴은 민주공화당의 제퍼슨과 함께 양당제의 효시가 됨으로써 상반된 관점의 제도화된 회합의 장을 마련했다. 대중을 크게 신뢰하지 않았던 해밀턴은 산업 사회, 강한 중앙정부, 그리고 귀족주의적 권력을 대표했다. 반면 제퍼슨은 농업사회, 강한 주 정부 그리고 정치적 민주주의를 대표했다. 제퍼슨은 개인의 권리와 자유에, 그리고 해밀턴은 정부 제도와 절차에 더욱 관심이 있었다.

헌법과『연방주의론 논집』, 국가 재정 시스템, 그리고 미국의 양당제도-진정한 의미에서 이것들이야말로 무일푼으로 아메리카에 건너왔던 명석한 젊은이가 남긴 유산이다.

BY JOHN TRUMBULL　　　　　　　　　　　　　　THE WHITE HOUSE COLLECTION

1755	1월 11일 영국령 서인도제도 출생	1786-88	뉴욕 의회 의원
1773-75	킹스 컬리지 수학	1787	제헌회의 대의원
1776-77	대륙군 대위	1788	뉴욕 비준회의 대의원
1777-81	워싱턴 장군 전속부관	1789-95	합중국 재무장관
1782-83	연합회의 대의원	1798	합중국 육군 소장
1786	아나폴리스 회의 대의원	1804	7월 12일 아론 버와 결투 후 서거

매사추세츠의 존 행콕

애국파이자 반란 지도자이며 상인이었던 존 행콕은 1776년 7월 4일 웅장한 필체로 독립선언문에 서명함으로써 그 이름을 영원히 남겼다. 두터운 서체로 쓰여진 그의 서명은 영국의 폭정에 맞섰던 한 개인의 힘과 자유-그리고 도전-의 완벽한 표현으로 미국인의 마음에 살아 있다.

행콕은 대륙회의 의장으로서, 대의원들이 독립선언문를 비준할 때 사회자였으며, 그러한 그의 위치 때문에 그가 최초로 서명했던 것은 공식 임무였고, 그는 그것을 드라마틱하게 수행했다. (현장에서 서명한 것은 행콕과 대륙회의 서기였던 찰스 톰슨뿐이었다.)

행콕이 중요 인물로 등장했던 또 다른 역사적 사건이 있다. 렉싱턴 전투이다. 1775년 4월 19일 이곳에서 전투를 벌였던 영국군은 행콕과 사무엘 애덤스가 렉싱턴에 있다는 사실을 알고 이들 반군 지도자들을 체포하기 위하여 출동했다. 그리고 폴 리비어가 사전에 알려 주지 않았다면 그 둘은 체포되었을 것이다.

이보다 훨씬 전인 1768년 행콕은 그의 배에 선적된 화물에 부과된 관세 납부를 거부함으로써 영국에 저항했다. 보스턴에서 가장 부유한 상인들 가운데 한 명이었던 그는 영국인뿐 아니라 시민들에게도 반란지도자로 인정받아 매사추세츠 초대 지역의회(Provincial congress) 의장으로 선출되었다.

1775년 대륙회의에서 의장으로 선출된 후 행콕은 매사추세츠 너머까지도 그 명성이 높아졌고, 매사추세츠 총독 경비대의 대령으로 복무했던 경력(1772-74)도 있었으므로 아메리카군 사령관으로 임명되기를 희망했다-존 애덤스가 조지 워싱턴을 지명하기 전까지.

1778년 행콕은 소장으로 임관했고, 로드아일랜드에서는 비록 성공적이진 못했지만 전투에 참가했던 적도 있다. 그러나 그가 지속적인 역할을 했던 것은 정치지도자로서였다. 그는 매사추세츠 초대 주지사, 대륙회의 의장, 매사추세츠 비준회의 의장 등을 역임했다. 그는 매사추세츠에서의 헌법 비준에 기여했고, 새롭게 만들어진 합중국 대통령직에 도전할 만큼 충분한 대중적 인지도를 갖고 있었다. 그러나 이번에도 그는 워싱턴이 승리를 지켜보아야만 했다.

라이벌이었던 조지 워싱턴처럼 행콕도 독립의 대의를 위하여 그가 가졌던 많은 것을 걸었던 부호였다. 그는 애국적 대의를 지지했던 가장 부유한 뉴잉글랜드인이었다. 존 애덤스의 명석함이나 샘 애덤스의 선동력은 없었지만 뉴잉글랜드에서 가장 중요한 지도자 가운데 하나이다. 왜냐하면 그는 애국적 대의를 위하여 거대한 부를 기꺼이 바쳤기 때문이다.

BY JOHN COPLEY   MUSEUM OF FINE ARTS, BOSTON

버지니아의 벤자민 해리슨

부유한 버지니아의 농장주이자 정치지도자였던 벤자민 해리슨은 인지세법(1765) 때부터 혁명 기간 내내 독립의 대의에 동참함으로써 제임스 강변에 펼쳐진 그의 광대한 농지를 위험에 빠뜨렸고, 영국군의 약탈로 막대한 재산을 잃기도 했다.

버지니아 입법부에서 해리슨은 인지세법에 반대하는 공식 항의서를 초안하는 데 기여하였고 통신위원회와 초대 지역의회의 일원으로서의 활동을 인정받아 대륙회의 대의원으로 선출되었다. 그곳에서 그는 3개의 주요 위원회 소속으로 외교, 육군 그리고 해군 관련 업무를 다루었다. 이들 실무위원회는 훗날 합중국 정부의 주요 부처로 발전하기 위한 토대가 되었다. 해리슨은 또한 전체위원회 의장으로서 1776년 7월 2일 회의에서 독립을 주장하는 리의 결의안 표결을 찬성으로 이끌었다. 독립선언문에서 해리슨의 서명은 동향인 버지니아 출신 토마스 제퍼슨의 바로 옆자리를 차지하고 있다. 대륙회의에서 해리슨은 여러 토론을 주재하여 연합헌장 채택을 끌어냈다.

전쟁 기간 동안 해리슨은 버지니아 의회 대변인을 역임했고 영국이 (버지니아) 요크타운에서 항복했던 당시의 현직 최고행정관이었다. 그의 최고행정관 재임 중 버지니아는 오하이오강 북쪽과 서쪽 땅에 대한 권한을 연방정부에 양도했다. 이 조치는 제퍼슨이 주요한 역할을 했고, 새로운 합중국의 결속을 강화하는 데 도움이 되었다.

해리슨은 합중국 헌법 비준을 토론하기 위해서 소집되었던 버지니아 의회의 대의원으로서 선거위원장을 맡았지만 많은 토론에 참여하지는 않았다. 그는 권리장전이 빠진 헌법을 거부하며 패트릭 헨리에게 동조했다. 권리장전이 없는 헌법은 받아들일 수 없다는 해리슨과 헨리, 조지 메이슨 등의 강경한 주장은 합중국 헌법에 제1차 수정헌법 10개 조항을 추가하는 데 큰 역할을 하였다.

건국의 아버지들 가운데 벤자민 해리슨은 두 명의 대통령을 직계 후손으로 둔 유일한 인물이다. 아들 윌리엄 헨리 해리슨은 9대, 그리고 손자인 벤자민 해리슨은 23대 합중국 대통령을 각각 역임했다.

BY CHARLES PEALE

MR. W. GORDON HARRISON, JR.
COURTESY FRICK ART REFERENCE LIBRARY

1726	4월 5일 버지니아 찰스 시티 카운티 출생	1781-84	버지니아 최고행정관
1745	윌리엄 앤 매리 대학 수학	1785-91	버지니아 의회 대변인
1749-74	버지니아 하원 의원	1788	버지니아 비준회의 대의원
1773-	버지니아 통신위원회 회원	1791	4월 24일 버지니아 찰스 시티 카운티에
1774-76	지역의회 의원		서 영면
1777-81	버지니아 의회 대변인		

버지니아의 패트릭 헨리

혁명 기간 동안 가장 유명한 웅변가였던 패트릭 헨리는 식민지 버지니아인들에게 자유의 불꽃을 댕긴 드라마틱한 연설을 시전했다. 토마스 제퍼슨에 따르면 그 연설은 "혁명의 정신을 그 무엇보다도 드높게 고양시켰다."

1765년 버지니아 하원 의사당에서 헨리는 용감하게 인지세법 반대 연설을 감행함으로써 식민지 진영의 포문을 열었다. 1775년에는 렉싱톤과 콩코드 전투 일주일전 민병대의 무장을 호소하는 불멸의 웅변을 토해 냈다. "나에게 자유를 주시오. 아니면 죽음을!"

농부로서 그리고 상인으로서 실패를 거듭했던 헨리는 24세에 법학을 공부하여 변호사로서 빠르게 명성을 얻었다. 그는 1763년 "신부의 주장" 사건(Parson's Cause)을 통해서 버지니아 법을 무력화하려던 (영국) 왕을 상대로 법적 승리를 거둠으로써 버지니아에서 명성을 획득했던 것이다.

1765년 버지니아 하원에서 그는 인지세법에 대한 소식을 듣고 자치 징세권을 포함하여 식민지인의 권리에 관한 다섯 가지 대담한 결의안을 열화 같은 웅변으로 선언하자 "반역이다!"라는 외침이 터져 나왔다. 그러나 헨리의 강력한 연설로 인해 식민지에서 인지세법에 대한 저항은 더욱 거세졌고 그의 명성은 더욱 높아 갔다. 버지니아에서 그는 총독보다 더 큰 실권을 갖고 있었다.

1차 대륙회의에서 헨리는 대륙협의회(Continental Association) 결성을 강력히 지지했다. 대륙협의회는 영국산 수입상품 불매운동을 목적으로 결성된 식민지 간의 연합체이다.

헨리가 혁명 기간 중 가장 유명했던 연설은 했던 것은 리치먼드에서 열렸던 버지니아 혁명회의에서였다. 그는 민병대의 즉각적인 무장을 제안하며 연설을 이렇게 마무리했다. "점잖으신 분들은 평화, 평화를 외칠 것입니다. 그러나 평화는 없습니다. 사실상 전쟁은 시작되었습니다… 우리의 목숨은, 그리고 평화는… 쇠사슬에 묶인 노예가 되어서야 얻을 수 있을 만큼 그렇게 소중하고 달콤한 것입니까? 전능하신 하나님, 당치도 않습니다. 나는 다른 사람들이 어떤 길을 선택할지 알 수 없습니다. 하지만 나로서는, 나에게 자유를 주소서. 아니면 죽음을!" 회의는 즉각 그의 제안을 승인했다. 1775년 대륙회의에서 헨리는 대륙군으로 싸우고자 했다. 그러나 군생활은 체질적으로 맞지 않아 이내 전역했다. (그의 친구 워싱턴이 동의했다.) 버지니아 애국회의에서 그는 버지니아 헌법과 권리장전 초안 작성에 기여했다. 1776년 7월 5일 버지니아의 초대 수장이 되었고 법적 한도인 3년간 자리를 지켰다.

혁명의 지도자 중 한 명이었음에도 헨리는 죽는 날까지 버지니아인이었다. 헌법안이 비준을 위해 버지니아에 송달되었을 때 그는 반대했다. 헌법이 지나치게 많은 권력을 연방정부에 부여함으로써 주와 시민의 본질적인 권리를 박탈한다고 믿었기 때문이다. 헌법에 반대하며 권리장전을 추구했던 그의 투쟁은 전 식민지 대중들의 이목을 집중시켰다. 그리하여 수정헌법 권리장전의 조기 채택에 공을 세웠다.

BY THOMAS SULLY   COLONIAL WILLIAMSBURG

1736	5월 29일 버지니아 하노버 카운티출생	1780-84	버지니아 의회 의원
1760	변호사 개업	1784-86	버지니아 최고행정관
1765-75	버지니아 하원 의원	1786-90	버지니아 의회 의원
1774-76	버지니아 애국회의 회원	1788	버지니아 헌법비준회의 대의원
1774-75	대륙회의 대의원	1799	6월 16일 버지니아 샤롯 카운티에서 영면
1776-79	버지니아 최고행정관		

뉴욕의 존 제이

합중국 초대 국무장관, 초대 대법원장을 역임했고 초대 대사 중 한 명으로서 저명한 『연방주의론 논집』의 일부를 썼던 필자인 존 제이는 독립선언문에 서명을 하지 않았던 건국의 아버지들 가운데 한 명이다. 독립을 위해 표결과 서명을 하는 시점에 그는 뉴욕 혁명의회를 돌보기 위하여 일시적으로 대륙회의를 떠나 있었다.

식민지의 독립을 반대했던 이 귀족출신의 보수적인 뉴욕 변호사는 1776년에 이르러서야 애국파로 변신하여 향후 25년간 새로운 국가의 확립에 헌신했다. 이 기간을 통해 그는 헌신적이고 탁월한 정치인으로서 그리고 흔들림 없는 원칙주의자로서 동료들의 존경을 차지했다.

대륙회의에서 제이는 캐나다와 영국의 시민들을 위한 담화문을 작성했다. 뉴욕에서는 주 헌법을 초안했고 전쟁 기간 동안에는 (뉴욕주) 대법원장으로 활약했다. 그는 대륙회의 의장을 역임했고 그 이후에는 합중국(연합)의 대사로서 스페인의 지지를 확보하고 자금을 끌어오는 어려운 임무를 수행했다.

제이는 프랭클린과 제퍼슨, 애덤스 그리고 로렌스를 조력하여 1783년 파리에서 평화협상을 매듭짓고 귀국하여 초대 국무장관이 되었다. 연합헌장 체제에서 "외무장관"에 해당하는 자리이다. 그는 러시아 및 모로코와 중요한 무역협상을 타결했다. 스페인·영국과는 합중국 남쪽과 서쪽의 접경에서 지속되고 있던 영토분쟁을 다루었다. 그는 합중국과 영국이 공동위원회를 설립하여 전쟁 이후 산적한 미해결 현안들을 조정할 것을 제안했다. 그 제안은 채택되지는 않았지만 향후에 나타날 국제 문제들을 해결하는 데 정부가 활용할 중재 및 외교방식에 영향을 미쳤다. 재직 중 그는 연합헌장의 취약점을 절감하여 새 헌법의 제정을 최초로 주장했던 이들 가운데 한 명이다. 그는 합중국(연방) 헌법을 지지하기 위해 발표된 『연방주의론 논집』 가운데 다섯 편의 글을 집필했고 뉴욕 헌법비준회의의 지도자로 활약했다.

초대 대법원장을 역임하는 동안 제이는 특정 주가 다른 주의 시민에 의해 소송을 당할 수 있다는 역사적 판결을 내렸고, 그 판결은 11차 수정헌법으로 이어졌다. 특별 사절로 런던에 파견되어 "제이 협정"을 마무리했는데, 이 협정으로 (미-영 간의) 적대감 연장은 피할 수는 있었으나 본국에서는 대중들의 인기를 얻지는 못했다. 그리고 아마도 이 건국의 아버지에 대해서 가장 먼저 연상되는 것이 바로 이 협정일 것이다.

BY GILBERT STUART

MR. JOHN JAY ISLIN
COURTESY FRICK ART REFERENCE LIBRARY

1745	12월 12일 뉴욕주 뉴욕 출생	1779-82	합중국(연합) 스페인 공사
1764	킹스 컬리지 졸업	1782-84	파리 파견 합중국 평화조약 사절단
1768	변호사 개업	1784-89	합중국 외무장관
1774-77	대륙회의 대의원	1789-95	합중국 대법원장
1776-	뉴욕 입법회의 의원	1794	합중국 주영 공사
1776-79	뉴욕 대법원 대법관	1795-1801	뉴욕 주지사
1778-79	대륙회의 의장	1829	5월 17일 뉴욕주 베드포드에서 영면

버지니아의 토마스 제퍼슨

독립선언문, 버지니아 종교의 자유령, 북서부 영토조례-이 문서들은 토마스 제퍼슨이 남긴 유산의 일부이다. 뿐만 아니라 그는 이 땅의 거의 모든 공직을 맡아 보았으며, 알렉산더 해밀턴과 함께 미국의 정당 시스템을 만들었다.

이들 문서의 궁극적 가치는 측정이 거의 불가능하다. 독립선언문은 미국혁명에-그리고 나아가 전 세계의 모든 이들에게-지성과 도덕의 힘을 부여하였다. 버지니아 종교의 자유령은 교회와 국가의 절대적 분리라는 원칙을 확립했다. 북서부 영토조례는 북서부 영토에서 새로운 주를 신설하여 연방에 가입시키는 데 있어서 개인의 권리를 보장하고 노예제를 금지하며 새로운 주를 신설하여 연방에 가입 시 기존의 주와 동등하게 대우한다는 공식을 만들었다. 그리고 이것은 미래에 만들어질 모든 주를 위한 원칙이 되었다.

제퍼슨은 1774년 『영국령 아메리카의 권리 개관』이라는 소책자를 펴냄으로써 작가로서 그리고 정치 이론가로서 인정받았다. 대륙회의에서 그는 독립선언문의 초안 작성을 위임받았다. 버지니아 의회에서는 126개 신규 법령의 초안 작성에 기여했는데, 그 가운데는 그가 시민의식 함양을 위하여 필요하다고 믿었던 공립학교와 도서관 설치 법령도 포함되어 있었다.

주 프랑스 공사로서 제퍼슨은 합중국(연합)을 위한 무역협정을 타결시켰고 정치철학자로서의 명성을 얻었다. 제헌회의에서 그는 제자인 매디슨과 긴밀하게 소통하며 공화주의의 원칙과 권리장전을 헌법에 포함시킬 것을 제안했다. 워싱턴 내각의 국무장관으로서 제퍼슨은 재무장관 해밀턴과 함께 최초의 정당 지도자가 되었다. 1796년 선거에서 민주공화당의 제퍼슨은 연방주의당의 애덤스에게 패배했으나 1800년에는 승리했고, 이로 인해 연방주의당은 권력에 종지부를 찍게 되었다.

제퍼슨은 취임사를 통해 상처를 치료하고자 노력했다. "우리는 같은 원칙을 가진 형제들을 다른 이름으로 불러왔습니다. 우리는 모두 공화주의자요, 우리는 모두 연방주의자인 것입니다." 아이러니하게도 대통령 제퍼슨은 여러 면에서 연방주의자처럼 직무를 수행했다. 중앙집권적 권력에 항상 회의적이었고 강한 주권(State's rights)의 옹호자였음에도 루이지애나 영토를 매입했고 루이스와 클락에게 새 영토를 탐사시켰으며 도로와 운하와 학문과 교육을 포괄하는 연방 시스템을 설계함으로써 대통령의 권한을 확대했다. 국민에 대한 그의 애정은 교육과 근본적 자유에 대한 그의 믿음을 통해 명확히 드러난다. 그는 국가에 민주주의의 기틀을 세웠다.

제퍼슨의 관심 영역은 또 다른 그의 업적을 통해서 알 수 있다-서부 주의 기하학적 형태로부터 십진법 기반 화폐 체계에 이르기까지 말이다. 이 박학다식한 남자는 지적 자유의 원칙에 너무나 심취된 나머지, 그의 묘비가 말하듯, 대학을 설립한 것을 나라를 세운 것만큼이나 자랑스럽게 생각했다.

BY REMBRANDT PEALE   THE WHITE HOUSE COLLECTION

1743	4월 13일 버지니아 새드웰 출생	1783-85	연합회의 대의원
1762	윌리엄 앤 매리 대학 졸업	1785-89	프랑스 공사
1767	변호사 개업	1790-93	합중국 국무장관
1769-75	버지니아 하원 의원	1797-1801	합중국 부통령
1775-76	대륙회의 대의원	1801-09	합중국 대통령
1776-79	버지니아 입법부 의원	1819	버지니아 대학 설립
1779-81	버지니아 최고행정관	1826	7월 4일 버지니아 몬티첼로에서 영면

코네티컷의 윌리엄 존슨

윌리엄 존슨은 건국의 아버지들 가운데 유일하게 1776년에 독립을 찬성하지 않았지만 그 후에는 건국의 강력한 지지자로 변신했다. 그는 합중국 헌법을 초안 및 서명했고 코네티컷 비준회의에서 그것을 강력히 지지했다.

존슨은 인지세법회의(1765)에도 참석했고 영국에 머물며 코네티컷 대표로(1767-71) 활동한 바 있었지만 이 기간 동안에는 식민지들이 대영제국과의 분쟁을 평화적으로 해결해야 한다는 신념을 갖고 있었다. 런던 체류 중 그는 사전편찬자 사무엘 존슨 박사를 비롯한 많은 저명인사들과 교류했고 영국과의 강한 인맥을 구축했던 것은 확실하다. 그럼에도 식민지의 이해를 대표하는 임무에 있어서는 당시 그곳에 파견되었던 펜실베이니아 대표 벤자민 프랭클린을 비롯한 다른 식민지들의 대표들과도 긴밀하게 공조했다. 타운센트 법에 대한 항의의 뜻으로 아메리카의 영국 상품 수입금지 정책을 지지했다.

귀국 후 존슨은 초대 대륙회의 대의원으로 선출되었으나 독립에 반대하는 입장이었으므로 그 자리를 고사했다. 그는 여전히 양측의 평화적 해결에 무게를 두었으므로 1775년 코네티컷 의회의 요청에 따라 보스턴에 주둔해 있던 영국군 사령관 토마스 게이지 장군을 방문하기도 했다. 그의 임무는 성공하지 못했고 그곳의 애국파에게 한동안 억류당하기도 했다. 그는 코네티컷 의회 의원직을 사임했고 독립을 지지하지 않는다는 이유로 1777년부터 1779년까지는 변호사 자격도 박탈당했다가 (나중에) 코네티컷에 대한 충성서약 후에야 복권이 허용되었다.

독립의 대의를 뒤늦게 받아들였음에도 불구하고 존슨은 연합회의에서 영향력 있는 구성원이었다. 제헌회의에서 존슨은 온건하지만 타점 높은 연사로서 "커네티컷 타협안"을 설명하며 옹호했다. 최종적으로 채택된 이 타협안은 (인구수가) 큰 주와 작은 주 사이의 갈등을 조정하기 위해서 상원에서는 각 주를, 그리고 하원에서는 주민을 대표하도록 고안된 안이었다. 식민지 최고의 고전학자 중 한 명이자 현직 컬럼비아 대학 총장이었던 대석학 존슨은 헌법의 최종문안을 만드는 문체위원회 의장이었다. (대부분의 실무는 동 위원회 소속이었던 구버뇌 모리스가 담당했다.)

존슨은 코네티컷 비준회의에서 헌법을 감명 깊은 웅변으로 지지했으며, 비준 후에는 신설된 합중국 상원에서 자신의 주(state) 코네티컷의 대표자 가운데 한 사람으로 선출되었다.

BY GILBERT STUART

MRS. S. BUCKLEY RANDOLPH
COURTESY FRICK ART REFERENCE LIBRARY

1727	10월 7일 커네티컷 스트랫포드 출생		1785-87	연합회의 대의원
1744	예일대학 졸업(석사-1747)		1787	제헌회의 대의원
1749	변호사		1787-1800	컬럼비아 대학 총장
1765	커네티컷 의회 대표로 인지세법회의 참석		1788	코네티컷 비준회의 대의원
1774	대륙회의 대의원직에 선출되었으나 고사		1819	11월 14일 코네티컷 스트래트포드에서
1779	반역으로 체포, 코네티컷에 충성서약			영면

매사추세츠의 루프스 킹

40년이 넘는 세월 동안 루프스 킹은 (출신국) 의원, (연합회의) 대의원, 제헌회의 대의원, 합중국 상원 의원, 주영공사 그리고 부통령 후보와 대통령 후보로서 국가에 봉사했다. 그는 북서부영토조례와 합중국 헌법 초안 작성에 기여했고, 거기에 서명하였으며 그 후 헌법의 매사추세츠 비준회의 통과를 지지했다.

전쟁 기간의 대부분을 학생 신분으로 보냈던 킹은 매사추세츠 의회 의원으로서 공직 생활을 시작했다. 그리고 그곳에서 연합회의를 위한 안정적 재정 지원 법안을 옹호함으로써 국가적 대의에 대한 그의 관심을 드러냈다. 후일 연합회의에서 활동하는 동안에는 제퍼슨과 합류하여 북서부 영토의 신설 주 설립 조건을 규정한 문서인 북서부영토조례에 노예금지조항을 삽입하기도 했다.

제헌회의에서 가장 설득력 있는 연설가 가운데 한 명으로 인정받았던 킹은 노예제 반대를 견지했으며, 개별 국(state)보다 우월한 명확한 권한을 중앙정부에 부여할 것을 주장했다. 합중국 초대 상원 의원으로서 연방주의자였던 킹은 초대 행정부의 정책과 프로그램을 지지했다. 그는 해밀턴의 재정 계획안을 뒷받침했으며, 자신이 설립에 기여했던 합중국 은행(Bank of United States)의 은행장을 역임했다.

1796년 그는 상원 의원직을 사임한 후 영국주재 공사가 되었다. 영불전쟁의 와중에 미국의 중립을 유지해야 했던, 엄청난 외교역량이 요구되는 자리였다.

1804년과 1808년 선거에서 킹은 부통령 후보였다. 그는 사우스캐롤라이나의 찰스 코트워스 핑크니와 연방주의당 후보로 두 번 출마하였으나 낙선했다. 1816년 킹은 연방주의당 대통령 후보가 되었으나 제임스 먼로에게 패배했다. 그러나 킹은 연방 상원 의원직을 계속 수행했고, 1820년에는 노예주의 자격으로 미주리의 연방가입을 허용했던 미주리 타협(the Missouri Compromise)은 노예 문제를 공정하게 다루지 못한 실패작이라고 비판했다. 그는 노예제 철폐를 강력히 주장하였으나 성공하지 못했다.

미남에 사교성이 좋았던 킹은 법률가로서 그리고 외교관으로서 성공을 거두었다. 그리고 그의 연설은 미국에서 가장 저명한 웅변가로부터 극찬을 받기도 했다. 킹에 대해서 다니엘 웹스터는 이렇게 기록했다; "그러한 연설가는 전무후무할 것입니다. 강인함에 있어서, 위엄에 있어서, 활력에 있어서, 여유로움에 있어서, 자연스러운 효과에 있어서, 그리고 동작과 주제 선정에 있어서 킹은 타의 주종을 불허했습니다."

BY CHARLES PEALE · INDEPENDENCE NATIONAL HISTORICAL PARK

1755	3월 24일 매사추세츠 스카보로 출생
1777	하버드 졸업
1778	클로버 장군 부관
1780	변호사 개업
1783-86	매사추세츠 의회 의원
1784-87	연합회의 대의원
1787	제헌회의 대의원
1789	뉴욕 의회 의원
1789-96	합중국 상원 의원
1796-1803	대영제국 공사
1804,	1808 연방주의당 부통령 후보
1816	연방주의당 대통령 후보
1825-26	합중국 주영공사
1827	4월 29일 뉴욕 자메이카에서 영면

뉴햄프셔의 존 랭든

아메리카 최초의 전함을 건조했던 존 랭든은 부유한 상인으로서 자신의 재산을 대가 없이 헌납하며 35년이 넘는 세월 동안 공직에서 헌신했다. 그 기간 동안 랭든은 애국파 지도자로서, 공직자로서, 군인으로서, 선박인으로서 그리고 금융인으로서 그가 할 수 있었던 모든 수단을 동원하며 건국의 대의에 봉사하는 데 있어서 놀라운 의지를 보여주었다. 건국의 아버지들 가운데에서도 그렇게 총체적으로 대의에 헌신했던 사람은 드물다.

랭든은 영국을 상대로 했던 최초의 전면적인 반란 작전 가운데 하나를 주도했다. 1774년 11월 그는 수백 명의 식민지인들을 이끌고 포츠머스의 왕실 요새를 공격하여 100배럴의 영국산 화약을 탈취했다. 그리고 그날의 용맹한 행동으로 전 식민지의 명성을 획득했다.

제헌회의 대의원으로서 그는 군수물자 구매를 담당하는 위원회에서 활동했다. 그는 또한 의회로부터 신설 예정인 해군에서 사용할 전함 건조 임무를 부여받았다. 그가 건조했던 선박 가운데 하나이자 존 폴 존스가 선장을 맡았던 레인저호는 아메리카 깃발을 게양했던 첫 번째 전함이다.

1777년 뉴햄프셔 하원 대변인 시절 랭든은 영국군 버거인 장군이 뉴잉글랜드 침공을 위하여 캐나다로부터 진격하고 있다는 소식을 들었다. 뉴햄프셔는 민병대 소집을 계획했으나 자금이 없었다. 랭든은 민병대 군비를 자비로 충당하여 베닝턴과 사라토가에서 전투를 치렀다. 아메리카가 승리를 거두었던 뜻깊은 두 차례의 싸움이었다.

1787년 랭든과 니콜라스 길먼이 제헌회의 뉴햄프셔 대표로 선출된 후 뉴햄프셔는 또 다시 재정이 바닥났다. 이때도 랭든이 두 대표의 경비를 자신의 사비로 충당했다. 회의장에서 랭든은 새로운 중앙정부 수립을 지지했고 뉴햄프셔 비준회의에서 통과가 확실시될 때까지 랭든은 노회하게 회의를 지연시켰다. 1788년 6월 2일 뉴햄프셔가 헌법을 비준하였고, (헌법을 비준한) 9번째 주로서, 합중국연합 전체 비준을 위한 정족수를 달성시켰다.

랭든은 뉴햄프셔 최고행정관으로서 두 번째 임기를 마치고 합중국 초대 상원 의원이 되었다. 상원의 초대 의장으로서 그는 대통령 선거의 선거인 투표를 개표하여 조지 워싱턴에게 당선을 통지했다. 그는 12년간 상원에서 활동하며 토마스 제퍼슨과 그의 민주-공화당을 지지했다. 제퍼슨이 대통령에 당선되자 합중국 전함을 건조했던 랭든에게 해군장관직을 제안했으나 고사했다.

뉴햄프셔 정계로 돌아온 랭든은 주 의원과 주지사를 역임했으나 그의 소속 정당이 그를 완전히 잊었던 것은 아니었다. 1808년과 1812년 그를 부통령 후보로 검토했다. 그러나 1812년 랭든은 주와 국가를 위해 헌신했던 수십 년의 세월을 뒤로하고 공인의 삶을 마감했다.

BY JAMES SHARPLES INDEPENDENCE NATIONAL HISTORICAL PARK

1741	6월 25일 뉴햄프셔 포츠머스 출생	1788-89	뉴햄프셔 최고행정관
1775-82	뉴햄프셔 의회 의원	1789-1801	합중국 상원 의원
1775-76	대륙회의 대의원	1801-05	뉴햄프셔 의회 의원
1777-78	대륙군 대위-대령	1805-07 1810-11	뉴햄프셔 주지사
1785-86	뉴햄프셔 최고행정관		
1787	제헌회의 대의원	1819	9월 18일 포츠머스에서 영면
1788	뉴햄프셔 비준회의 대의원		

버지니아의 리차드 헨리 리

"이 식민지 연합은 자유롭고 독립적인 국가들이며, 그것은 당연한 권리이다."라고 선언한 리 결의안은 1776년 7월 2일 대륙회의에서 승인되었고, 이것은 식민지 연합을 물러설 수 없는 독립의 길에 올려놓은 최초의 공식 조치였다. 그것이 리의 펜에서 나왔다는 것은 놀라운 일이 아니다. 1768년부터 그는 각 식민지를 연결하는 통신위원회의 설립을 제안했고 1774년에는 훗날 대륙회의로 발전한 식민지 간의 만남을 제안했었다. 처음부터 그의 목표는 독립이었다.

부유한 버지니아의 농장주로서, 조상 때부터 찰스 2세로부터 하사받은 광대한 토지를 소유해왔던 리는 전통 귀족의 역할과 귀족주의적 세계관을 혐오했다. 버지니아 하원에서 그는 노예제를 노골적으로 비판했다. 그는 독립된 아메리카 대륙을 "불행한 자들이 위안을 찾고 박해받는 이들이 휴식을 찾는 피난처"라고 여겼다.

1764년 인지세법이 발의되었다는 소식이 버지니아에 전해지자 리는 버지니아 하원에서 그러한 세금에 반대하여 왕에게 상소할 공식 항의성명문 작성 위원회에 가담했다. 인지세가 도입되자 리는 웨스트모어랜드 협회를 조직하여 그의 카운티 주민들을 규합했다. 이 단체는 인지세법이 철폐될 때까지 영국상품 불매를 결의했다. 1차 대륙회의에서 리는 모든 식민지의 대의원들이 불매운동안을 채택할 것을 설득하며 대륙협의회 조직을 주도했고, 이것이 식민지 연합의 첫걸음이 되었다.

리는 또한 1차 대륙회의에서 민병대 조직하고 무장할 것 제안했다. 렉싱턴에서 첫 번째 총성이 울리기 1년 전의 일이다. 당시에는 리의 이런 제안들이 지나치게 급진적인 것으로 여겨졌다.

리가 결의안을 발표한 지 3일 후였던 1776년 6월 대륙회의는 그를 독립선언문 초안 작성 위원회에 임명했다. 그러나 아내가 병이 들어 집에서 호출이 왔고 그의 자리는 토마스 제퍼슨으로 대체되었다. 그리하여 리는 독립선언문 초안을 작성하고 투표할 기회를 놓쳤으나, 늦게나마 서명했다.

그는 제헌회의 대의원으로 선출되었으나 참석을 거부했다. 그러나 연합회의의 일원으로서 그는 또 다른 위대한 문서인 북서부영토조례에 서명했다. 그것은 북서부 영토에서의 새로운 주 설립에 대비한 문서였다.

완성된 헌법이 비준을 받기 위해 각 회원국에 송부되었을 때 리는 그것이 반민주적이라는 이유로 반대했다. 그러나 그는 버지니아를 대표하는 초대 상원 의원으로서 그 (반민주적인) 점이 수정되었다고 여겼던 바로 그 수정안, 즉 수정헌법 권리장전의 통과에 절대적으로 공헌했다.

BY CHARLES PEALE   INDEPENDENCE NATIONAL HISTORICAL PARK

1732	1월 20일 버지니아 웨스트모어랜드 출생
1747	영국 요크셔 웨이크필드 아카데미 수학
1757	웨스트모어랜드 카운티 치안판사
1758-75	버지니아 하원 의원
1773	버지니아 통신위원회
1774-75	버지니아 애국회의
1774-79	대륙회의 대의원
1780-84	버지니아 의회 의원
1784-86	연합회의 의장
1786-89	연합회의 대의원
1789-92	합중국 상원 의원
1794	6월 19일 버지니아 웨스트모어랜드에서 영면

뉴저지의 윌리엄 리빙스턴

정의를 위한 지칠 줄 모르는 열정의 남자였던 윌리엄 리빙스턴은 폭정이 눈에 띄는 곳에선 어디서든 펜과 칼을 들고 싸웠다. 변호사 겸 작가였던 그는 뉴욕시에서 지나치게 많은 영국성공회 교회와 법조계의 문제점을 공격하는 글들을 발표했다. 또한 (민병대) 준장으로서 혁명 초기 뉴저지 민병대를 이끌었다.

청년 시절 리빙스턴은 화가로서, 작가로서 그리고 언어학자로서 특별한 재능을 보여 주었다. 예일대학은 수석으로 졸업했다. 뉴욕시에서 법학을 공부하는 동안 뉴욕의 여러 신문에 변호사에 대해 비판적인 글들을 기고했는데, 이것들은 향후 그의 펜에서 나오게 될 많은 에세이와 잡지 기고문들의 예고편이었다. 1750년대에 들어서는 변호사로서 그리고 문제적 작가로서의 위상을 확립했다. 장로교도였던 리빙스턴은 『인디펜던트 리플렉터』라는 주간지를 통하여 식민지에서 국교화를 시도하는 성공회의 행태를 비판했다. 그 이후에도 그는 뉴욕 『머큐리』지에 파수대라는 칼럼을 기고했고 『감시병』이란 책자를 출간했다.

1772년 5월 리빙스턴은 은퇴하여 뉴저지 저택에서 칩거에 들어갔다. 그리고 그해 10월 16세의 알렉산더 해밀턴이 서인도제도에서 자신의 여행경비를 지원해 주었던 장로교 목사의 소개장을 들고 그를 찾아왔다. 리빙스턴은 해밀턴에게 엘리자베스타운의 학교와 뉴욕의 킹스 컬리지에서 수학할 기회를 베풀었다.

대륙회의 대의원으로서 리빙스턴은 보수적인 노선을 따랐다. 1776년 6월 그는 뉴저지로 돌아와 민병대 지휘를 맡았고 그 바람에 독립선언문을 토의하고 서명하는 시점에 현장을 지킬 수 없었다. 어떤 이들은 리빙스턴이 그 사안을 회피한 것으로 보기도 하지만 뉴욕 출신인 그의 형 필립은 독립선언문에 서명했다.

민병대에서 수개월간 복무한 후 리빙스턴은 뉴저지 초대 최고행정관으로 선출되었다. 전쟁 기간 내내 그는 체포당하지 않기 위해 끊임없이 거처를 옮겨야 했다. 덕분에 영국군의 급습을 모면할 수 있었으나 그의 집은 파괴되었고 그럼에도 그는 역경에 굴하지 않고 지속적으로 뉴저지에서 애국적 대의를 지지하고 선도했다. 『가제트』지는 그를 일컬어 "뉴저지의 돈키호테"라고 칭했다.

전쟁 기간에도 리빙스턴은 애국주의와 노예제 반대에 관련된 신문 기고를 이어갔다. 그의 영향력은 뉴저지 의회에서도 감지된다. 뉴저지는 1786년 노예 수입을 금지했다.

제헌회의에서 리빙스턴은 상원에서 모든 회원국의 동등한 대표권을 주장했다. 또한 최고행정관으로서 뉴저지가 헌법을 비준한 (합중국) 회원국이 되는 데 공헌했다.

열렬한 연방주의자 리빙스턴은 워싱턴이 조각했던 신생 합중국의 초대 정부에서 자신이 거두어 대학을 보냈던 젊은이가 새 대통령의 국정 핵심 참모인 초대 재무장관으로서 입각하는 장면을 생전에 지켜볼 수 있었다.

ARTIST UNKNOWN   LONG ISLAND HISTORICAL SOCIETY

1723	11월 30일 뉴욕 알바니 출생	1774-76	대륙회의 대의원(뉴저지 대표)
1741	예일대학 졸업	1776	뉴저지 민병대 준장
1748	변호사 개업	1776-90	뉴저지 최고행정관·주지사
1752-53	주간지 『인디펜던트 리플렉터』 발행	1787	제헌회의 대의원
1772	법조계 은퇴	1790	7월 25일 뉴저지 엘리자베스타운에서
1774	통신위원회 회원		영면

버지니아의 제임스 메디슨

가장 위대한 건국의 아버지들 가운데 한 사람인 제임스 메디슨은 "헌법의 아버지"라는 타이틀을 갖고 있다. 그는 마운트 버논과 아나폴리스에서 (합중국 연합의) 회원국 회동을 조직하여 제헌회의로 이끌었다. 그는 버지니아안(Virginia Plan)의 많은 부분을 작성했고, 그것은 합중국 헌법 최종본의 토대로 활용되었으며 본회의의 성공에 엄청난 기여를 하였다. 그는 버지니아에서 헌법 비준을 성사시켰고, 헌법에 구현된 정부시스템의 가치를 명료하게 설명한 『연방주의론 논집』을 집필했다. 그리고 초대 합중국 의회에서 수정헌법 권리장전을 발의하고 채택했다.

1780년대 메디슨은 각 회원국이 타국과의 효율적 통상을 위해서는 통일된 상업정책을 갖고 있어야 한다는 점을 인식하게 되었고, 마운트 버논과 아나폴리스에서 회원국들이 모여 헌법 제정까지는 엄두를 낼 수 없었지만 회의를 갖는 데는 일조했다. 그 모임은 상업적인 현안들만을 논의하기로 되어 있었는데, 바로 그 아나폴리스 회의에서 메디슨, 해밀튼, 그리고 다른 지도자들은 필라델피아에서의 회의를 소집할 수 있었다.

필라델피아 회의가 열리기 수년 전부터 메디슨은 토마스 제퍼슨이 파리에서 보내 주었던 정치철학과 헌법 관련 서적을 공부하기 시작했다. 그는 진정한 중앙정부를 건설하자는 제안이 담긴 버지니아안(案)의 초안 작성자로서 잘 준비된 역량을 갖고 있었다. 회의장에서도 그가 정치이론에 가장 박식하다는 사실은 명백했다. 그는 폭넓은 지식과 준비된 지성, 그리고 차분한 합리성으로 모든 대표단의 존경을 한 몸에 받으며 이목을 집중시켰다.

회의 진행에 관한 가장 완벽한 비망록을 기록하는 것과 아울러 메디슨은 중요한 거의 모든 사안의 심사에 관여했다. 메디슨은 조지 메이슨과 함께 연방 의회에서 적어도 하나의 원(院)만큼은 주 의회가 아닌 국민이 직접 선출해야 하며, 그래야만 모든 주의 시민들에게 중앙정부 안에서의 직접적 대표권을 부여할 수 있는 완전히 새로운 정치적 관계가 창출된다고 주장했다.

다른 누구보다도 메디슨은 중앙정부와 주 정부 간의 독특한 권력 분립을 고안하여 최종적으로 채택되는 데 기여했다. 개별 주의 입장에서 필요로 하는 바를 깊이 이해하고 있었던 메디슨은 개인적 자유의 옹호론자인 조지 메이슨과 강력한 중앙정부의 옹호론자인 알렉산더 해밀턴 사이에서 조정자로서의 힘을 발휘했다. 버지니아안(의 작성)부터 권리장전의 통과에 이르기까지 메디슨보다 큰 공헌을 했던 사람은 없다.

새로운 정부가 출범한 이후에도 메디슨은 지속적으로 공헌했다. 초대 의회에서 그는 행정부 수립을 위한 법안을 준비했다. 1798년 그는 버지니아 결의안을 작성하여 외국인과 보안법의 위헌성을 적시했다. 국무장관으로서 그는 루이지애나 영토 매입에 관여했다. 대통령으로서 영국과의 전쟁 기간 동안 국가를 이끌었고, 그로 인해 인기는 잃었지만 아메리카의 독립에 관한 의문을 항구적으로 불식시켰다.

BY GILBERT STUART   COLONIAL WILLIAMSBURG

1751	3월 16일 버지니아 포트 콘웨이 출생	1787	제헌회의 대의원
1771	뉴저지대학 졸업	1788	버지니아 비준회의 대의원
1776	버지니아 회의 대의원	1789-97	합중국 하원 의원
1778-79	최고행정관 협의회 회원	1799-1800	버지니아 의회 의원
1780-83	연합회의 대의원	1801-09	합중국 국무장관
1784-1786	버지니아 입법부 대의원	1809-17	대통령
1786	아나폴리스 회의 대의원	1836	6월 25일 버지니아 몬트펠리어에서 영면

버지니아의 존 마샬

존 마샬은 건국의 아버지들 가운데 독특한 인물이다. 대륙군의 청년장교로서 혁명 기간 동안 그의 역할은 미미했다. 그는 또한 독립선언문이나 합중국 헌법에 기여하지도 서명하지도 않았다. 그러나 합중국 대법원장으로서 그는 법원의 권위를 입법, 행정부와 동격으로 확립함으로써, 그리고 개별 주와 연방정부 간의 근본적인 관계를 명확히 함으로써 새로운 정부를 안정시키는 데 누구보다도 많은 일을 했다. 그러한 그 엄청난 공헌으로 인해 존 마샬은 건국의 아버지들의 첫 번째 대열에 자리매김된다.

마샬은 혁명 기간 동안 하급 장교에 불과했지만 (그는 브랜디와인, 저먼타운, 만모스 전투에 참여했고 벨리포지에서의 고난을 버텨냈다.) 전쟁 경험을 통해서 강력한 중앙정부의 필요성을 알게 되었다. 더 강하고 조직이 잘된 정부가 있었다면 식민지 진영의 제한된 자원으로 보다 효율적으로 전쟁을 수행할 수 있을 것이라는 사실을 절감했다. 또한 그의 군복무는 그가 "국가"의 관점에서 사유하는 경험을 제공하였다. 접경지대의 황무지에서 성장했던 마샬은 20세에 대륙군에 입대했다. 이를 두고 그는 후일 자신은 버지니아인이 될 기회도 갖기 전에 미국인이 되었다고 술회했다.

1790년대에 이르러 마샬은 버지니아에서 연방주의당 지도자로서 확고한 입지를 갖고 있었다. 그는 워싱턴 대통령으로부터 법무장관직을 제안받았으나 고사했다. 그는 제이 조약을 공개적으로 지지했다. 그리고 1797년 애덤스 대통령의 임명을 받아 후일 XYZ 사건이라고 알려진 현안 때문에 프랑스 사절단으로도 파견된 바 있다.

마샬이 대법원장으로 임명되었을 때 대법원은 권력과 권위에 있어서 행정부와 입법부보다 훨씬 아래에 놓여 있었다. 오롯이 지성의 힘으로 그는 헌법변호사, 대법원 동료, 그리고 궁극적으로는 시민 대중들의 광범위한 지지를 받는 판결을 해 나갔다. 그의 판결은 너무나 성공적이었고 또 그의 많은 견해는 확실히 옳았기에 대법원이 헌법의 해석자로서 인정받게 된 것은 그의 공적이라 해도 과언이 아니다. 1801년부터 1835년까지 그는 500건 이상의 사건에서 의견을 제출했고 25건 이상이 근본적인 헌법적 질문들이었다.

미국의 헌정 체계에 있어서 마샬의 영향력은 너무나 지대하여 오늘날 미국인들이 알고 있는 헌법은 대체로 마샬의 해석이라 할 수 있다. 한 세기 반이 지났어도 마샬은 여전히 최고의 헌법 율사로 인정받고 있다. 동시대에 판사로 활동했던 제레미아 메이슨에 따르면 마샬의 기념비적 노력이 없었다면 새 나라의 정부는 "산산조각이 났을 것"이다.

BY HENRY INMAN   PENNSYLVANIA ACADEMY OF FINE ARTS

1775	9월 14일 버지니아 포퀴어 카운티 출생	1797-98	합중국 프랑스 사절단
1776-81	대륙군 중위-대위	1799-1800	합중국 하원 의원
1782	변호사 개업	1800-01	합중국 국무장관
1782-91 1995-97	버지니아 의회 의원	1801-35	합중국 대법원장
1788	버지니아 비준회의 대의원	1835	펜실베이니아 필라델피아에서 영면

버지니아의 조지 메이슨

　토마스 제퍼슨은 그를 "그의 세대에서 가장 현명한 남자"라고 불렀다. 개인의 권리에 대한 투철한 옹호자였던 메이슨은 독립선언문이나 합중국 헌법에 서명은 하지 않았지만, 이 두 문서에 내재된 가장 혁명적인 사상의 근간을 제공했다. 이 두 문서의 초안자들은 그 기본 사상을 버지니아 권리선언서(the Virginia Declaration of Rights) 그리고 버지니아 헌법(Virginia Constitution)으로부터 가져왔는데, 이 두 문서는 대체로 메이슨의 업적이었던 것이다.

　500에이커의 농장을 가진 버지니아 귀족이었으며 그 농장을 직접 운영했던 메이슨은 워싱턴의 이웃이자 친구였다. 1769년 버지니아 하원 의원이었던 메이슨은 영국상품 수입을 반대하는 결의안을 준비했고, 그것을 조지 워싱턴이 발의하여 법안으로 채택되었다. 1774년 메이슨은 페어팩스 결의안을 작성했고 모든 식민지들의 회합과 버지니아와 영국 간의 모든 관계단절을 촉구했다. 오하이오강 이북의 토지에 대한 버지니아의 소유권 포기 역시 그의 작품이었다. 제퍼슨의 북서부 영토조례에 노예금지와 신설 주 설립규정을 포함시켰던 것도 그의 영향이었다.

　이 버지니아 농장주는 제헌회의에서 특별한 역할을 수행했다. 그는 노예제를 증오하여 "그 자체로 악마적이며 인류의 수치"라고 비판하며 회의장에서 새로운 정부에 노예제 확대 금지하는 권한을 부여할 것을 대의원들에게 촉구했다. 헌법이 완성되자 그는 서명을 거부했다. 헌법이 1808년까지 노예 수입을 허용함으로써 노예제를 강력히 다루는 데 실패했고 상원과 대통령에게 과도한 권력을 부여하였으며 권리장전이 포함되지 않았기 때문이었다. 그는 중앙정부의 과도한 권력을 경계했던 패트릭 헨리와 벤자민 해리슨, 리차드 헨리 리 등과 연합하여 버지니아 비준회의에서도 반대 입장을 고수했다. 그러나 메이슨은 그가 가장 소중히 여겼던 개인의 권리 조항이 1791년 12월 수정헌법 권리장전으로 헌법에 등재되는 것을 생전에 목도할 수 있었다.

　정부의 작동방식에 큰 신뢰를 갖지 않았던 합리주의자 메이슨은-시민이건 노예건 간에-개인의 자유를 진작하기 위하여 열정적으로 싸웠다. 그리고 그는 개인의 권리 보호라는 가치가 미국적 시스템의 핵심임을 공고히 하는 데 크게 공헌했다.

BY LOUIS GUILLAUME　　　　　　　　　　　　　　　　　VIRGINIA HISTORICAL SOCIETY

1725	12월 11일 버지니아 페어팩스 출생	1785	마운트 버논 회의 대의원
1749	버지니아 알렉산드리아 공동설립자	1787	제헌회의 대의원
1759-75	버지니아 하원 의원	1788	버지니아 비준회의 대의원
1775	버지니아 안전 위원회 위원	1792	10월 7일 버지니아 건스톤 홀에서 영면
1775-76	버지니아 회의 대의원		
1776-88	버지니아의회 의원		

델라웨어의 토마스 매킨

토마스 매킨은 50년 이상을 공직에서 봉사했다. 그 기간은 식민지들이 혁명을 향해 나아갔고 전쟁이 발발하여 승리했으며 새 국가가 세워졌던 중요한 시기였다. 그동안 그는 카운티 부검사로부터 이 땅에서 가장 높은 지위였던 연합회의 의장에 이르기까지 거칠 수 있는 거의 모든 공직을 역임했다. 그리고 독립선언문 서명은 물론이고 자신의 출신국과 합중국 헌법에 부합하는 정부의 수립과 안정에 의미 있는 공헌을 했다.

인지세법회의에서는 그가 제안한 투표절차가 채택되었다. 각 식민지가 크기나 인구수에 관계없이 한 표씩 행사하는 이 방식은 대륙회의와 연합회의에서도 채택되었을 뿐 아니라 각 주의 평등원칙은 합중국 상원의 구성에도 적용되었다. 1765년 카운티 판사 시절 매킨은 지탄의 대상이 되었던 인지(stamps)를 서류에 부착하지 않아도 업무를 진행하도록 법정 명령을 선고함으로써 영국에 반기를 들었다.

1776년 6월 대륙회의에서 매킨은 시저 로드니와 합세함으로써 델라웨어 제3의 대의원이었던 조지 리드의 반대를 누르고 델라웨어의 독립선언문 승인을 등록하여 독립선언문이 "13개 연합국 만장일치의 선언"이 되는 데 기여했다. 또한 델라웨어 특별회의에서 그는 자국 헌법을 기초하기도 했다.

맥킨은 또한 연합헌장의 초안 작성에 기여했고 거기에 서명했으며 연합회의 초대 의장도 역임했다. 워싱턴 장군으로부터 영국이 항복했다는 소식이 전해졌던 1781년 10월에도 그 자리에 있었다. 펜실베이니아국 대법원장으로서 그는 해당 국의 사법 체계 확립에 기여했으며, 1787년 펜실베이니아 헌법 비준회의에서 합중국 헌법을 강력하게 지지하며 그것이 "유사 이래 최고"라고 선언했다.

공직생활 40년을 넘긴 65세에 맥킨은 대법원장직을 사임했다. 1799년 민주-공화당 후보로서 맥킨은 펜실베이니아 주지사에 당선되었다. 주지사로서 그는 철저하게 공화당원만을 임명직에 기용하는 정책을 시행하여 미국에서 엽관제의 효시가 되었다. 격동의 세 차례 임기를 마친 주지사로서 그는 건국의 아버지들 가운데 누구보다도 길고 지속적인 공직 경력을 마무리하였다.

BY CHARLES PEALE

NATIONAL PORTRAIT GALLERY
SMITHSONIAN INSTITUTION

1734	3월 19일 펜실베이니아 뉴런던 출생	1774-83	대륙회의 대의원
1754	변호사 개업	1777-99	펜실베이니아 대법원장
1756-57	델라웨어 서섹스 카운티 부검사장	1781	연합회의 의장
1757-59	델라웨어 의회 사무관	1787	펜실베이니아 비준회의 대의원
1762-79	델라웨어 의회 의원	1799-1808	펜실베이니아 주지사
1765	카운티 민원법정 판사 인지세법회의 대표	1817	6월 24일 펜실베이니아 필라델피아에서 영면
1772-73	델라웨어 하원 대변인		

펜실베이니아의 토마스 미플린

운명의 장난으로 토마스 미플린은 혁명전쟁 초기에 조지 워싱턴의 첫 번째 부관으로 복무하였으나 전쟁이 끝났을 때는 연합회의 의장으로서 워싱턴의 전역서를 수리하는 남자가 되었다. 그 중간의 기간 동안 미플린은 대륙군 초대 병참사령관으로 복무하며 식민지의 대의에 기여했으며 심심찮게 자신을 위한 실속도 챙겼다. 그는 신설군에게 절박하게 요구되는 군수물자를 확보하였으며, 지나친 이익을 챙긴다는 의심을 받았다.

사업 경험이 있고 전쟁 물자를 확보하는 실력이 뛰어났음에도 미플린은 전장을 선호했고 롱아일랜드와 필라델피아 인근에서의 군사작전에서는 두각을 나타내기도 했다. 그는 퀘이커 교도로 태어나 성장하였으나 군사 활동으로 인해 그의 교회로부터 파면당했다.

호불호가 갈리는 인물이었던 미플린은 워싱턴의 신망을 잃었고, 워싱턴을 (축출하고) 호레이쇼 게이트 장군으로 교체하려던 콘웨이 카발의 일원이었다. 미플린은 1788년 군에서 전역함으로써 그의 군자금 유용에 대한 군사법원의 조치를 모면했다. 이러한 문제에도 불구하고-그리고 술주정꾼이라는 끊임없는 구설에도 불구하고-미플린은 이 땅에서 최고위직이었던 연합회의 의장뿐만 아니라 펜실베이니아 최고행정관과 주지사, 제헌회의 대의원에 이르기까지 책임 있는 자리에 계속해서 선출되었다.

미플린의 의미 있는 공헌 중 대부분은 그의 젊은 시절에 이루어졌다. 제1차와 2차 대륙회의에서 독립을 쟁취하기 위한 그의 자세는 확고했다. 그리고 위태로운 시기였던 1776년부터 1777년까지 워싱턴의 부대에 병력과 물자를 조달하는 데 기여했다. 1784년 (연합회의) 의장으로서 대영제국과의 조약에 서명함으로써 전쟁에 종지부를 찍었다. 제헌회의 대의원이었지만 (헌법에) 서명한 것 말고는 의미심장한 기여를 했던 바는 없었다. 펜실베이니아 주지사로서 업무태만으로 기소되기도 했지만 도로를 정비했고 주(州)의 교정 및 사법시스템을 개혁했다. 주의 권한에 관해서는 제퍼슨의 원칙에 공감했지만 막상 위스키 반란(Whiskey Rebellion)이 일어나자 민병대로 하여금 연방 징세원을 지원하도록 지시했다.

부패와 술주정이라는 비난에도 불구하고 사교성이 좋았던 미플린은 인기 있는 인물로 남았다. 자석 같은 성품 그리고 연설의 명수로서 그는 혁명의 가장 중대한 30년 세월 동안 다양한 선출직을 거칠 수 있었다.

BY CHARLES PEALE   INDEPENDENCE NATIONAL HISTORICAL PARK

1744	1월 10일 펜실베이니아 필라델피아 출생	1783-84	연합회의 의장
1760	필라델피아 대학 졸업	1785-88	펜실베이니아 입법부 대변인
1772-75	펜실베이니아 입법부 회원	1787	제헌회의 대의원
1774-75	대륙회의 대의원	1788-90	펜실베이니아 최고행정관
1775	워싱턴 장군 부관	1790-99	펜실베이니아 주지사
1775-77	대륙군 병참사령관	1799-1800	펜실베이니아 입법부 대의원
1778-81	펜실베이니아 입법부 의원	1800	1월 20일 펜실베이니아 랭카스터에서
1782	연합회의 대의원		영면

펜실베이니아의 구버뇌 모리스

"우리 합중국 국민은 더욱 완벽한 연방을 형성하고 정의를 확립하며 국내 안정을 도모하기 위하여…" 합중국 헌법의 최종본 작성에 주요한 역할을 했던 구버뇌 모리스의 펜에서 나온 유명한 구절이다. 그는 때로는 장황했지만 유창한 연설가였으며 뉴욕 의회와 제헌회의의 대의원이었다. 합중국 상원도 이따금 논리와 위트와 상상력이 멋지게 구사된 그의 명연설에 움직이곤 했다.

그는 귀족적 성향이 강해서 1774년에는 "모국과의 재결합을 추구하는 것은 모든 사람들을 위한 일이다."라고 쓴 적도 있었지만 1776년에는 뉴욕 의회에서 식민지를 대변하여 왕에게 반대하는 연설을 하였다. 그는 일찍이 강력하고 통합된 중앙의회의 필요성을 인식했다. 역사가 데이빗 무지는 모리스에 관하여 "그는 국가의 탄생 이전부터 국가주의자였다"라고 썼다.

대륙회의에서 모리스는 여러 분과의 위원장을 맡았고, 그의 천부적인 펜은 프랑스 공사였던 프랭클린에게 송달하는 훈령이나 평화사절단을 위한 세부적인 지시사항 등과 같이 중요한 문서를 생산해 냈으며, 그것들은 최종 조약문서의 조항으로 반영되었다. 연합회의 대의원으로서 그는 연합헌장을 지지하고 서명했다.

제헌회의에서 모리스는 어느 대의원보다 적극적으로 논쟁에 참여했다. 그는 대통령과 상원은 종신 선출직이어야 하고 상원은 부유한 유산계층을 대표하면서 하원의 민주적 성격과 균형을 맞춰야 한다고 주장했다. 이 의견은, 물론, 받아들여지지 않았지만 그가 제안했던 주 협의체(Council of State)에 대한 의견은 대통령의 내각이란 아이디어로 이어졌고, 또한 대통령은 의회가 아닌 국민에 의해서 선출되어야 한다고 주장했다.

헌법이 완성되자 모리스는 편집과 윤문을 맡았고, 그리고, 그 유명한 전문을 작성했다. 헌법이 공식적으로 승인되자 모리스는 가장 헌신적인 (헌법의) 지지자 가운데 한 명임을 입증했다. 대의원들의 서명을 받았던 9월 17일 모리스는 서명을 거부했던 에드먼드 랜돌프에게 답하는 감동적인 연설을 하였다.

1790년 모리스는 합중국 프랑스 공사로서 잘못된 시기에 잘못된 장소에 와 있음을 깨달았다. 그는 프랑스 혁명가들에게는 아메리카 혁명의 지도자 가운데 한 사람으로 인식되어 있었지만 그럼에도 그는 명백히 귀족적 감수성을 지녔던 연방주의자였다. 파리에서 그는 마르퀴스 라파이에트와 왕을 포함한 여러 프랑스 귀족들의 탈출을 돕는 일에 관여하게 되었고 이에 프랑스 혁명정부는 그의 해임을 요구했다. 귀국 후 그는 연방 상원에서 의정활동을 했고, 후일 서부진출 통로를 열어 주었던 이리 운하(Erie Canal) 개발을 기획했던 단체의 위원장으로 활동했다.

BY ED. DALTON MARCHANT   INDEPENDENCE NATIONAL HISTORICAL PARK

1752	1월 31일 뉴욕 모리사니아 출생		1781-85	합중국(연합) 재무담당관보
1768	킹스 컬리지 졸업		1787	제헌회의 대의원
1771	변호사 개업		1792-94	합중국 프랑스 공사
1775-77	뉴욕 지역 의회 의원		1800-03	합중국 상원 의원
1776	뉴욕 제헌회의 대의원		1816	11월 6일 뉴욕 모리시아나에서 영면
1778-79	대륙회의 대의원			

펜실베이니아의 로버트 모리스

필라델피아의 대부호이자 거상으로 "혁명의 물주"로 불리는 로버트 모리스는 대륙군을 대신하여 빈번하게 그의 재산을 위험에 빠뜨렸고, 군수물자로 지나친 이익을 남긴다고 의심도 받았던 일도 있었으며 누명은 벗었지만 말년에는 모든 것을 잃고 3년간 채무자 교도소에서 보내야 했다. 모리스는 로저 셔먼과 함께 건국을 위한 세 가지 주요 문서-독립선언문, 연합헌장, 그리고 합중국 헌법-에 모두 서명했던 2인으로 족적을 남겼다.

애국파 가운데 보수주의자였던 모리스는 1775년 의회에 선출되기 전까지는 인지세법 반대 항의서에 서명한 것 말고는 활동이 거의 없었으며, 처음에는 시기상조라는 이유로 독립을 지지하지 않았다. 독립선언문의 채택을 위한 표결에는 기권했지만 서명은 했다. 또한 1778년 연합헌장에도 서명했다.

대륙회의가 영국의 위협으로 인해 필라델피아에서 퇴각했던 1776년 모리스는 남아서 실행위원장으로서 정부의 책임을 다했다. 그해 말 워싱턴은 진격을 위한 군비를 요청했고 모리스는 개인 신용을 담보로 자금을 확보함으로써 그해 12월 워싱턴이 트렌턴에서 독일 용병을 격파할 수 있었다.

전쟁의 나머지 기간 동안 모리스는 공식, 비공식으로 재정과 군수를 담당하는 최고의 민간인이었다. 1781년 5월 연합회의는 그를 재정감독관이라는 새로운 직책에 임명했다. 그해 여름 그는 워싱턴과 긴밀히 작업하며 요크에 주둔한 콘윌리스를 전면 공격하기 위한 지원 계획을 수립했다. 이번에도 모리스는 탄약과 군수품을 자신의 개인보증으로 구매하여 지원했다.

1779년 대륙회의 소속 어느 위원회는 모리스가 자신의 지위를 이용하여 그의 회사를 통해 지나친 이익을 남긴다는 고소를 취하했다.

전쟁 후 모리스는 계속해서 연합회의 재정담당관직을 유지하였으나 연합회의가 해야 할 일과 그에 대한 지원을 지속적으로 거부하는 회원국 사이에서 발목이 잡혀 꼼짝할 수가 없었다. 그의 신용은 거의 탕진되었고 수차례나 사직을 고려했으나 떠나지 않았다. 그는 최초의 국립은행을 설립했으나 펜실베이니아가 설립허가에 이의를 제기했다. 그가 사임했던 1784년경 연합정부는 해외에서 사실상 신용이 전무했고, 이에 모리스는 강력한 중앙정부 수립을 촉구했다. 아나폴리스 회의에서 그는 필라델피아 회의를 개최하는 데 찬성했다. 제헌회의 기간 동안 그는 워싱턴의 숙식을 제공하며 워싱턴을 사회자로 추천했고 9월에는 최종본에 서명했다.

모리스는 워싱턴으로부터 새 정부의 재무장관 직을 제안받았으나 고사했고, 펜실베이니아 초대 합중국 상원 의원으로 선출되었다. 야인으로 돌아간 후에는 무리하게 땅투기에 뛰어들어 전 재산을 날리고 말았다. 1798년부터 1801년까지 그는 필라델피아 채무자 교도소에 수감되었다. 그는 빈털터리에 잊혀진 사람이 되어 출소했다.

BY CHARLES PEALE   INDEPENDENCE NATIONAL HISTORICAL PARK

1734	1월 31일 영국 리버풀 출생	1781-84	연합회의 재무담당관
1748	필라델피아에서 수학	1786	아나폴리스 회의 대의원
1754-93	필라델피아에서 사업	1787	제헌회의 대의원
1775-78	대륙회의 대의원	1789-95	합중국 상원 의원
1779-81 1785-86	펜실베이니아 입법부 의원	1798-1801	채무로 수감
1781	북아메리카 은행 설립	1806	5월 8일 펜실베이니아 필라델피아에서 영면

사우스캐롤라이나의 찰스 핑크니

찰스 핑크니의 "핑크니안(案)"은 필라델피아 제헌회의에 제출되었던 세 개의 안 가운데 하나이다. 기록은 남아 있지 않지만 완성된 헌법의 많은 (30개 이상의) 조항들이 핑크니의 공헌으로 인정된다. 핑크니는 지극히 활동적인 이력 속에서 사우스캐롤라이나 주지사(4차례), 합중국 하원 의원, 상원 의원 그리고 스페인 공사를 역임했다.

영국에서 교육받은 핑크니는 사우스캐롤라이나에서 애국 운동을 펼치던 그의 아버지(찰스 핑크니 대령)를 돕기 위해 귀향했다. (그리고 그 자리를 이었다.) 그는 20세도 되기 전부터 출신국 행정협의회에서 활동했으며 사우스캐롤라이나 최초의 헌법을 초안하는 데 조력했다. 전쟁 중에는 민병대에서 복무했으나 포로가 되어 영국군 감옥에서 1년을 보냈다.

1784년 연합회의 대의원으로 선출되었을 때 핑크니는 연합헌장 체제하의 정부의 취약점을 잘 알 수 있는 직책에 있었다. 연합회의에서는 연합헌장 강화 위원회 의장으로 활동하며 (후일) 제헌회의에서 발휘하게 될 역량을 축적할 수 있는 경험을 얻었다. 1786년 회의에서 행했던 연설에서는 연합헌장 수정을 위한 총회가 소집되어야 한다고 촉구했다.

1787년 5월 핑크니가 필라델피아 제헌회의에 도착했을 때 그의 "안(案)"은 이미 준비되어 있었다. 불행하게도 그는 에드먼드 렌돌프가 자신의 헌법안(버지니아 안)을 본회의에서 세 시간에 거쳐 설명한 뒤에야 그것을 제출했고, 그리하여 핑크니 안은 조항별로 토의할 시간을 갖지 못한 채 다른 안들과 함께 세부항목위원회에 회부되었다. 그리고 그 위원회는 추천받은 헌법조항들의 원천을 밝히지 않은 채 총괄적인 보고서만 작성했다. 따라서 합중국 헌법에 대한 핑크니의 기여도가 정확히 어느 정도인지는 알 수 없지만 후일 핑크니는 "헌법하면 찰리"라는 칭송을 받았다는 과도한 주장을 펴기도 했다. 핑크니는 또한 사우스캐롤라이나의 새 헌법에 많은 기여를 했는데, 그것은 1790년에 채택되었고 합중국 헌법을 모델로 만든 문서였다.

핑크니는 헌법이 비준된 지 30년이 지난 후까지 공직을 이어갔다. 1790년대에 그는 연방주의당과 결별하고 제퍼슨을 지지했다. 1795년에는 제이 협정을 비난했고 1800년 선거에서는 사촌형 찰스 코트워스 핑크니가 연방주의당 부통령 후보로 출마했음에도 토마스 제퍼슨을 도와 사우스캐롤라이나에서 승리하는 데 기여했다. 제퍼슨 대통령이 핑크니를 스페인 공사로 임명했던 것은 다분히 그에 대한 보상으로 보이지만 그러나 핑크니는 스페인을 다루는 데 성공하지 못했다. 귀국 후에도 그는 계속 공직에 선출되었으나 그의 경력은 의회에서 마감했고, 그의 마지막 의정활동 가운데 하나는 미주리 타협 반대였다.

BY GILBERT STUART   AMERICAN SCENIC & HISTORIC PRESERVATION SOCIETY

1757	10월 26일 사우스캐롤라이나 찰스턴 출생	1788	사우스캐롤라이나 비준회의 대의원
1775-76	사우스캐롤라이나 행정협의회	1789-92	
1779-80		1796-98	사우스캐롤라이나 주지사
1786-87	사우스캐롤라이나 입법부 대의원	1806-08	
1805-06		1801-05	스페인공사
1810-14		1819-21	합중국 하원 의원
1779-81	민병대 대위	1824	10월 29일 사우스캐롤라이나 찰스턴에
1784-87	연합회의 대의원		서 영면
1787	제헌회의 대의원		

사우스캐롤라이나의 찰스 코트워스 핑크니

"나에게 조국에 대한 사랑으로 박동하지 않는 혈관이 있다면 나 스스로 그것을 열어젖힐 것이다"-교육은 영국에서 받았으나 새로운 국가에서 남부의 주요 지도자 가운데 한 명이었던 바로 이 남부 애국파의 충정이다.

찰스 코트워스 핑크니는 연방주의당 후보로 출마하여 두 차례의 대통령 선거에서-1804년에는 제퍼슨에게, 그리고 1808년에는 매디슨에게 패배하여-실패했다. 그러나 그는 용감했던 군인으로, 합중국 헌법의 서명자로, 그리고 1798년 프랑스 파견 사절로 기억된다. 그는 (프랑스에서) "국방을 위해서라면 백만 불도 지불하겠으나 조공이라면 1센트도 낼 수 없소!"(다른 자료에서는 "6펜스도 낼 수 없소"라고 말했다는 본인의 진술도 있다.)라고 일갈하며 장막 뒤의 뇌물 요구를 거부했다.

핑크니는 옥스퍼드 대학의 윌리엄 블랙스톤 문하에서 법학을 수학한 후 프랑스에서 왕립사관학교를 다녔다. 거기서 받은 훈련은 아메리카에 돌아와 1775년 대륙군 대위로 임관하는 데 도움이 되었다. 그는 여러 차례의 전투를 치렀고 1780년 영국군이 찰스톤을 점령하였을 때 포로가 되기도 했다. 종전 시 그의 계급은 준장이었다.

전쟁 이전부터 핑크니는 애국 운동에 적극적이었다. 1775년 그는 지역방위를 책임지는 단체의 대원이었고 1776년 2월에는 사우스캐롤라이나 임시정부 수립 계획안 작성 위원회의 의장이었다.

제헌회의에서 핑크니는 남부의 이익과 주권을 완고하게 옹호했다. 그는 대중선거를 그다지 신뢰하지 않았지만 회의의 결정을 받아들여 헌법에 서명했고 사우스캐롤라이나 비준회의에서 (헌법을) 지지했다.

사우스캐롤라이나에서 가장 성공적인 변호사 가운데 한 명이었던 핑크니는 워싱턴으로부터 대법원 판사직을 제안받았지만 고사했다. 후일 워싱턴이 전쟁부장관과 국무장관(1795)직을 제안하였으나 역시 사양했다. 그러나 1796년 그는 프랑스 공사직을 수락했고 프랑스에 도착하자 프랑스 집정부는 그를 받아들이지 않았고 그래서 네덜란드로 갔다. 1797년 애덤스 대통령은 핑크니와 존 마샬 그리고 엘브리지 제리를 프랑스 사절단으로 임명하여 양국 간 이견조정을 시도했다. 그런데 세 사절은 X, Y, Z(가명/역주)라고 알려진 프랑스 관료들에 의해 모욕을 당하였고, 그리하여 핑크니는 그 유명한 일갈을 퍼부은 후 일종의 영웅처럼 본국으로 돌아왔다. 얼마 후 그는 새롭게 창군한 합중국 육군 소장으로 임명되었는데, 합중국 육군은 프랑스와의 갈등 때문에 워싱턴이 급조했으나 1800년까지 긴장은 해소되었다.

핑크니는 두 번이나 대통령 선거에 낙선했지만 혁명군 장교들의 존경을 한 몸에 받으며 1805년부터 퇴역장교들의 모임인 신시내티 소사이어티의 종신 회장을 역임했다.

BY GILBERT STUART

MR. JULIAN MITCHELL
COURTESY FRICK ART REFERENCE LIBRARY

1746	2월 25일 사우스캐롤라이나 찰스턴 출생	1797	프랑스 사절단
1770	변호사 개업	1798-1800	육군 준장
1773	사우스캐롤라이나 부검찰총장	1800	연방주의당 부통령 후보
1775	사우스캐롤라이나 지역 의회 대의원	1804, 1808	연방주의당 대통령 후보
1776-83	대륙군 장교	1805-25	신시내티 소사이어티 회장
1787	제헌회의 대의원	1825	8월 1일 사우스캐롤라이나 찰스턴에서
1796	프랑스 공사		영면

버지니아의 에드문드 랜돌프

1787년 5월 29일 에드문드 랜돌프는 제헌회의에서 버지니아안(Virginia Plan)을 제출했다. 새로운 국가의 정부 형태에 관한 의견을 필라델피아에서 대의원들에게 최초로 공식 개진했던 것이다. 이 계획안은 매디슨이 많은 기여를 했지만 중앙정부의 입법, 행정, 사법부 신설을 요구하는 15개 결의안의 개요를 설명함으로써 이 회의가 심각하게 숙고하기 시작하게 된 것은 33세의 잘생긴 버지니아 최고행정관 겸 대변인 에드문드 랜돌프 때문이었다. 그것은 극적인 순간이었다. 대의원단은 공식적으로 "연합헌장을 수정한다는 단일하고 명백한 목표를 위해" 모였으나 완전히 상이한 정부시스템을 만들자는 급진적 제안을 맞닥뜨리게 된 것이다. 그들이 랜돌프를-세 시간 이상-경청하며 심지어는 그의 계획안을 심각하게 고려했다는 사실은 랜돌프가 성공했음을 말해 준다.

그러나 랜돌프는 대의원단이 버지니아 안에 첨가·수정했던 부분에 대하여 만족하지 못해 수차례에 걸쳐 찬성과 반대를 번복했다. 그리고 9월 최종안에 서명을 거부했다. 그러나 버지니아 비준회의에서는 자신의 견해를 뒤집고 헌법을 지지함으로써 패트릭 헨리와 같은 반연방주의자들을 충격에 빠뜨렸다. 랜돌프는 자신의 새로운 입장을 설명했다-1788년 7월 4일 현재 8개 회원국이 이미 헌법을 비준했고 (최종 확정을 위해서) 오직 한 개국만이 더 필요할 뿐이었다. 다른 회원국들은 이미 비준 후 곧바로 수정헌법 권리장전이 제정되어야 한다고 촉구하고 있었고, 이것은 헌법 원안에 반대했던 랜돌프를 만족시켰다. 작심하고 나섰던 어떤 연설에서 패트릭 헨리는 (랜돌프의 태도변화에) 다른 이유가 있었을 것이라고 교묘하게 암시했다. 새로운 정부에 (랜돌프에게) 보장된 자리가 있다고 언급할 만큼 많이 나가지는 않았지만 암시만으로도 충분했다. 그 둘은 거의 결투를 할 뻔했다.

워싱턴이 대통령에 당선된 후 그는 랜돌프를 초대 법무장관으로 지명했지만 랜돌프는 이것이 그가 헌법을 지지했던 것과 전혀 관계가 없다고 부인했다. 법무장관으로서 그는 직무를 확립하고 법무부를 창설했다. 제퍼슨이 국무장관을 사임한 후 랜돌프는 그 자리도 승계했다. 1795년 그는 주미 프랑스 대사로부터 뇌물 수수 혐의를 받았다. 그는 무죄를 입증하였으나 스스로 사퇴했고 다시는 공직을 맡지 않았다.

BY JOHN ELDER

MRS. PAGE KIRK
COURTESY FRICK ART REFERENCE LIBRARY

1753	8월 10일 버지니아 윌리엄스버그 출생	1787	제헌회의 대의원
1775	워싱턴 부관참모	1788	버지니아 비준회의 대의원
1776-86	버지니아 검찰총장	1789-95	합중국 법무장관
1779-82	대륙회의 대의원	1794-95	합중국 국무장관
1786	아나폴리스 회의 대의원	1813	9월 12일 버지니아 클라크 카운티에서
1786-88	버지니아 최고행정관		영면

델라웨어의 조지 리드

독립선언문과 합중국 헌법에 서명했던 조지 리드는 델라웨어의 선도적인 애국파였다. 비록 그가 독립선언을 촉구했던 리의 결의안에 찬성표를 던지지 않았지만 말이다. 건국의 아버지들 가운데 리드는 보수적인 혁명가였다. 그의 내면에 급진과 보수의 성향이 너무나 혼재되어 있었다. 그는 독립선언에 찬성표를 던지기를 거부하였으나 최종적으로 독립선언문에 서명했고, 제헌회의에서는 강력한 단일 정부를 만들기 위하여 (연합회의) 모든 회원국이 해체되어야 한다는 급진적 사상을 옹호하면서도 복잡한 연방-주 시스템을 가진 헌법을 찬성했다.

공정성, 투철함, 그리고 판단력으로 정평이 높았던 리드는 식견과 능력과 정직을 겸비한 변호사로서 폭넓은 명성을 누리고 있었고 델라웨어에서 가질 수 있었던 거의 모든 공직에 선출되었다. 식민지의 검찰총장, 입법의원, 주 대의원, 주 최고행정관 서리, 주 대법관 그리고 합중국 상원 의원에 이르기까지 30년이 넘는 세월 동안 자신의 출신국과 합중국을 위해 헌신했다.

1760년대부터 이미 리드는 신중한 애국파가 될 듯한 전조를 보였다-식민지인의 권리를 옹호하면서도 급진적 입장은 회피했다. 그는 영국 상품 불매운동과 대륙회의 소집을 지지했다. 독립을 주장하는 리의 결의안에 반대표를 던졌지만 독립선언문에는 서명을 했던 바로 그해에 리드는 델라웨어 제헌회의 의장을 맡아 델라웨어 최초의 헌법을 거의 대부분-아마도 전부 다-초안했다.

1786년 아나폴리스 회의에서 리드는 다음 해에 필라델피아에서 총회를 개최할 것을 찬성했던 일인이었다. 제헌회의에서 그는 강력한 중앙정부의 주창자로 알려지게 되었다. 작은 나라의 대표로서 그는 거대 회원국이 어떠한 형태로든 연방을 지배하는 것을 피하기 위해서는 개별회원국의 완전한 폐지가 가장 좋은 방법이라고 보았다. 그리고 그는 행정부가 상원의 구성원을 임명할 권한을 갖도록 제안했다. 이 역시 지지를 거의 받지 못했던 독특한 제안이었다. 그러나 제헌회의가 최종적으로 헌법안에 합의하자 리드는 거기에 서명하였을 뿐 아니라 델라웨어가 최초의 헌법 비준국이 되는 데 기여했다.

합중국 초대 상원 의원이자 충성스런 연방주의자였던 리드는 워싱턴 행정부를 지지했다. 그리고 델라웨어 대법원 최고판사로서 새로운 헌법하에서 건전한 법 체계를 수립하는 데 기여했던 여러 판결을 내렸다.

BY R. E. PINE

NATIONAL PORTRAIT GALLERY
SMITHSONIAN INSTITUTION

1733	9월 18일 매릴린드 세실 카운티 출생
1753	변호사 개업
1763-64	델라웨어 검찰총장
1765-80	델라웨어 입법부 대의원
1774-79	대륙회의 대의원
1776	델라웨어 제헌의회 의장
1777-78	델라웨어 최고행정관 서리

1782-89	항소법원 판사
1786	아나폴리스 회의 대의원
1787	제헌회의 대의원
1789-93	합중국 상원 의원
1793-98	델라웨어 대법원장
1798	9월 21일 델라웨어 뉴캐슬에서 영면

펜실베이니아의 벤자민 러쉬

"나는 의학에 있어서 원칙의 옹호자였습니다." 벤자민 러쉬는 자신을 이렇게 소개했던 적이 있다. 실로 그는 의학뿐 아니라 정치적 사회적 대의를 위한 전사였고 다작의 작가였으며 이 모든 세 분야의 창시자이다. 그는 독립선언문에 서명했고 합중국 헌법을 지지했다. 또한 아메리카 최초의 반노예제 단체와 무료진료소를 설립했다. 그리고 최초의 정신병 연구서적 가운데 하나를 집필했으며 필라델피아에서 전염병이 창궐할 때마다 목숨을 걸고 환자들을 진료함으로써 의학에 대한 헌신을 보여 주었다.

대서양 양쪽에서 공부했던 러쉬는 당시 교육을 가장 잘 받은 의사 중 한 명이었다. 1770년대에 그는 필라델피아에서 의사로서뿐만 아니라 교수이자 애국파의 입지를 갖고 있었다. 존 애덤스, 토마스 페인 그리고 토마스 제퍼슨과 친구였고, 그들과 마찬가지로, 독립을 염원하는 열렬한 투사였다.

1773년 러쉬는 노예제를 반대하는 소책자를 출간했고 다음 해에는 펜실베이니아 노예제철폐 추진회를 조직에 기여했는데, 이는 아메리카 최초의 농예제 반대운동이었다.

의사로 성업하는 와중에도 그는 애국적 대의를 위한 신문기사를 써냈으며, 지역의회에 대의원으로 선출되어 독립선언문에 서명했다.

강력한 반왕정주의자인 러쉬는 대륙군 총사령관이었던 워싱턴이 야심을 갖고 있다고 의심하여 콘웨이 카발이라는 비밀운동을 지지하여 워싱턴을 호레이쇼 게이츠 장군으로 교체하고자 하였다. 이것은 실패로 돌아갔고, 이에 러쉬는 대륙군 의무사령관직을 사직하고 어떠한 연방 공직도 맡지 않았다가 워싱턴이 대통령에서 퇴임한 후 존 애덤스가 (대통령이 되어) 그를 합중국 조폐국 재무관으로 임명했다.

그가 고안한 의료 "시스템"이 도전받으며 후일 상대적으로 덜 효율적인 것으로 증명되었음에도 불구하고 세월이 갈수록 의사이자 교수로서 러시의 명성은 높아 갔다. 그는 펜실베이니아 병원과 아메리카 최초의 빈민 무료 진료소 설립자들 가운데 한 명이었다. 그는 펜실베이니아 대학의 교수로서 그리고 무서운 황열이 유행했던 1793년과 1798년의 구세주로서 거의 전설이 되었다. 또한 그는 지속적으로 많은 글을 생산했다. (글을 통해) 그는 헌법을 옹호했고, 제임스 윌슨의 펜실베이니아 헌법 초안에 기여했으며 그의 전공인 의학서적을 저술했고 존 애덤스나 토마스 제퍼슨 등 애국파 동지들과 서신을 교환했다. 임종 시 러쉬는 미국에서 가장 유명한 의사였다.

BY CHARLES PEALE   WINTERTHUR MUSEUM

1745	12월 24일 펜실베이니아 바이베리 출생	1786	아메리카 최초의 무료 진료소 설립
1760	뉴저지 컬리지 졸업	1787	펜실베이니아 비준회의 대의원
1768	스코트랜드 에딘버그 대학 졸업(M.D.)	1791-	필라델피아 컬리지 의학교수
1769	필라델피아 컬리지 화학과 교수	1797-1813	합중국 조폐국 재무관
1774	아메리카 최초의 노예제 반대단체 설립	1813	4월 19일 펜실베이니아 필라델피아에서
1776	대륙회의 대의원		영면
1777-78	대륙군 의무 사령관		

사우스 캐롤라이나의 존 러트리지

"오직 이해(interest)만이 국가를 다스리는 원칙이다." 존 러트리지는 제헌회의에서 노예제에 대한 남부의 "이해"를 옹호하며 이렇게 선언했다. 노예제를 구버뇌 모리스는 "천국의 저주," 조지 메이슨은 "지옥의 교통"이라고 불렀다. 둘은 모두 헌법이 (노예) 수입금지 이상의 강력한 조치를 취할 것을 원했지만 존 러트리지는 남부 반대세력의 선봉에 섰다. 그에 따르면, (이 사안에 대한) 근본적인 질문은 "남부 주들이 연합에 합류할 것인가 말 것인가" 하는 것이었다. 이러한 도전에 직면하여 제헌회의는 이 문제를 회피할 것을 선택했다.

핑크니 일가처럼 러트리지는 영국에서 수학했고 본국으로 돌아와 애국파가 되었다. 1760년대부터 그는 영국의 폭정에 격렬히 저항했다. 찰스턴 법조계에서 이미 성공을 이룬 약관 25세의 이 변호사는 인지세법회의에서 영국을 비판하며 애국파이자 강력한 연설가로서 인정받게 되었다. 대륙회의에서 그는 논쟁하는 대의원들을 하나로 묶어 영국에 저항하기 위한 공동 전선 구축에 노력했다.

전쟁 중 러트리지는 사우스캐롤라이나 최고행정관을 연임했고 자국 민병대의 사령관으로 활약하였다. 1776년에는 아메리카군과 함께 영국함대를 몰아내며 찰스턴을 방어하는 데 성공했고, 1780년에는 킹스 마운틴에서 아메리카의 중요한 승리를 이루어 낸 부대를 위한 지원을 얻어 내는 데 기여하기도 했다.

제헌회의에서 러트리지는 남부회원국들에서 성행했던 노예제도를 거침없이 옹호했다. "이 나라들의 주민들은 그렇게 중요한 이해관계를 포기할 정도로 어리석지는 않을 것입니다."라고 선언했다. 그는 대표권의 일부는 부(wealth)에 기초해야 하며, 대통령은 연방 의회가, 그리고 연방 의회는 주의회가 선출해야 한다고 주장했다. 그는 민주주의나 대중선거의 주창자는 아니었다. 세부항목위원회 의장으로서 러트리지는 제헌회의(본회의)에 제출할 헌법의 첫 번째 버전을 초안했던 출중한 그룹을 이끌었다. 그 대부분은 제임스 윌슨과 에드먼드 랜돌프가 작성했지만 러트리지도 기여했다.

남부 대농장시스템의 총아였던 러트리지는 영국으로부터의 독립이라는 명분에 헌신적으로 노력했으며 (연합회의) 회원국들의 국가적 결합을 강력히 지지했지만 그러나 자신의 텃밭에서는 모든 인간의 자유와 평등이라는 도덕적 원칙을 정치적으로 적용하기를 단호히 거부했던 18세기 남부 귀족의 전형이었다.

BY JOHN TRUMBULL　　　　　　　　　　　　　　　　　YALE UNIVERSITY ART GALLERY

1739	9월 17일 사우스캐롤라이나 찰스턴 출생	1784-91	사우스캐롤라이나 법원 판사
1761	변호사 개업	1787	제헌회의 대의원
1761-76	사우스캐롤라이나 입법부	1789-91	합중국 대법원 판사
1764-65	사우스캐롤라이나 검찰총장	1791-95	사우스캐롤라이나 대법원장
1765	인지세법회의 대의원	1798-99	사우스캐롤라이나 입법부 대의원
1776-78	사우스캐롤라이나 최고행정관(Prseident)	1795	합중국 대법원 임시대법원장
1779-82	사우스캐롤라이나 최고행정관(Governor)	1800	7월 18일 사우스캐롤라이나 찰스턴에서 영면
1782-83	연합회의 대의원		

코네티컷의 로저 셔먼

독학으로 법학을 공부하여 판사와 의원이 된 양키 구두수선공 로저 셔먼은 세 가지 중요한 문서-독립 선언문, 합중국 헌법 그리고 권리장전-의 초안 작성에 모두 일조했다. 독립선언문과 합중국 헌법의 서명자로서 그는 또한 1781년부터 1789년까지의 헌법이었던 연합헌장도 초안 및 서명했다.

셔먼은 1774년 1차 대륙회의에 참가할 당시 거의 20년에 이르는 경력을 가진 식민지 법률가로서, 탁월한 식견와 성실성 그리고 견실한 판단력을 인정받아 동료 대의원들의 존경심을 획득했다. 존 애덤스는 그를 일컬어 "혁명에 있어서 가장 견실하고 강력한 기둥"이라고 칭송했다.

셔먼은 대륙회의에서 아메리카에 대한 영국 의회의 법률제정권을 부정했던 최초의 대의원이었으며 영국상품 불매운동을 강력히 지지했다. 그 이후 제퍼슨, 프랭클린과 함께 독립선언문 초안작성위원회와 연합헌장 초안작성위원회에서 활동했다. 그는 또한 해양위원회, 재정국, 전쟁국 등 혁명에 있어서 가장 중요한 부서에서 두루 활약했다.

소박한 기질의 청교도 셔먼은 모든 임무를 철저하고 정확하게 이행하여 그의 의정활동 기간 동안 다른 어떤 동료들보다 더 많은 경험을 쌓았다. 그래서 그가 떠날 무렵 그는 가장 막강하고 가장 많은 일을 했던 의원이었다.

셔먼의 가장 위대하고 유명한 업적 가운데 하나는 제헌회의에 코네티컷 타협안을 제안했던 것이다. 의회는 두 개의 원(branches)을 갖고 있어야 하며, 하나는 인구비례로, 또 하나는 동수 대표로 구성되어야 한다고 제안함으로써 큰 주와 작은 주를 모두 만족시키며 제헌회의의 가장 골치 아팠던 사안에 해결책을 제공했다. 코네티컷에서는 뉴헤이븐에서 발행되는 『가제트』에 합중국 헌법을 옹호하는 기사를 기고했고, 1788년 1월 헌법이 비준되는 데 기여했다. 코네티컷은 다섯 번째로 헌법을 비준한 주가 되었다.

셔먼은 새 국가의 하원에서 최고령 당선자였다. 초대 의회에서 그는 권리장전을 준비하고 검토하는 위원회에 배속했다. 우연의 일치로 권리장전이 헌법에 추가되었던 그해에 셔먼은 합중국 상원 의원으로 선출되었다. 그리하여 코네티컷 타협을 구상했던 이 사나이는 자신이 산파역을 했던 의회의 양원 모두에서 자신의 주를 대표할 수 있는 기회를 가질 수 있었다.

BY RALPH EARL   YALE UNIVERSITY ART GALLERY

1721	4월 19일 매사추세츠 뉴턴 출생	1774-81	대륙회의 대의원
1745	카운티 측량기사	1781-89	연합회의 대의원
1754	변호사 개업	1784-93	뉴헤이븐 시장
1755-61	코네티컷 입법부 대의원	1787	제헌회의 대의원
1765	뉴헤이븐 카운티 판사	1789-91	합중국 하원 의원
1766-85	총독(최고행정관) 자문회의 회원	1791-93	합중국 상원 의원
1766-89	코네티컷 대법원 판사	1793	7월 23일 코네티컷 뉴헤이븐에서 영면

버지니아의 조지 워싱턴

"전쟁에서 최초, 평화에서 최초, 그리고 그의 백성의 마음에서도 최초." 워싱턴에 대한 헨리 리의 평가이다. 워싱턴은 건국의 아버지들 가운데 서열 1위의 지도자이다. 그는 오합지졸의 군대를 이끌어 승리를 쟁취했다. 또한 제헌회의를 주도했으며 13개국의 대표들을 하나의 헌법 아래로 단합시켰다. 그리고 초대 대통령으로서 한 번도 실행된 바 없는 헌법을 '작동하는 정부'라는 현실로 탈바꿈시켰다.

유년 시절부터 워싱턴은 강하고 용맹하고 독립적이었다. 16세에 그는 서부의 황무지를 탐사했다. 22세에 그는 작은 민병대를 이끌다가 막강한 프랑스군에 패배했다. 브래독 장군의 부관이었던 23세에는 프랑스의 매복공격으로 브래독의 부대가 패퇴할 때 포화 속에서 용기와 담력을 발휘했다. 그리고 버지니아의 민병대 사령관으로서 최전선에서 프랑스와 인디언과 싸웠다.

워싱턴은 1774년 버지니아 애국회의에 참석한 자리에서 "천 명의 남자를 모집하여 내 돈으로 부양하며 그들의 본거지로 쳐들어가 보스턴을 구하겠다."는 제안을 하였다. 그 (제안이 채택되는) 대신 그는 제1차 대륙회의 참석자로 천거되었다. 그리고 다음 해 대륙회의는 그를 만장일치로 대륙군 총사령관으로 선출했다.

워싱턴은 막강한 영국군과의 정면대결을 피하고 군대를 훈련시켰다. 그는 기습공격으로 이따금 승전을 거두었으나 필라델피아와 만모스의 중요한 전투에서 패배했다. 부족한 보급에도 불구하고 프랑스가 지원할 때까지 군대를 유지하여 고통스러웠던 여러 해를 버텨냈다. 그리고 프랑스-아메리카의 연합군을 이끌고 자신의 가장 위대한 승리를 기획하고 실행했다-요크타운에서 콘윌리스 장군과 7000명의 대영제국 정규군의 항복을 받아냈던 것이다.

승리를 거둔 장군에게 왕조를 세우자는 제안들이 있었다. 그러나 워싱턴은 총사령관직을 사직하고 미련 없이 마운트 버논으로 귀향했다. 그러나 연합회의 체제의 비효율성을 절감했고 다른 형태의 정부가 필요하다는 확신을 갖게 되어 전 대륙의 지도자들에게 변화를 촉구하는 편지를 보냈다. 그는 제헌회의의 개회를 환영했고, 이 회의의 의장으로서 전쟁 영웅의 위상을 회의장에서도 발휘했다. 그는 여러 논쟁 속에서 조정역을 자임했다. 최종안에 서명된 그의 이름은 헌법이 비준을 획득하는 데 결정적인 힘이 되었다.

'대통령 워싱턴'은 만인의 선택이었다. 그는 제퍼슨과 해밀턴을 함께 입각시켰고, 그의 꾸준한 노력으로 신생정부는 이 두 정당 지도자들의 갈등에도 성장할 수 있었다. 8년에 걸쳐 그는 새로운 공화국의 각 부처를 창설하고 새로운 전통을 세운 후 세 번째 임기는 사양했다. 내성적이고 근엄한 성격이었지만 워싱턴은 헌법상의 대통령직의 핵심을 구현하며-승전한 장군으로서 권력을 초개처럼 버렸듯이-대통령의 권한을 단호하게 이양했다. 이것은 또 다른 '최초'였고 그의 계승자들이 거부할 수 없는 모범을 확립했다. 그는 국가를 위한 위대한 봉사를 마치고 전 세계 위대한 영웅들의 대열에 당당히 한자리를 차지했다.

BY GILBERT STUART

MUSEUM OF FINE ARTS, BOSTON

1732	2월 22일 버지니아 웨스트모어랜드 카운	1774-75	대륙의회 대의원
	티 출생	1775-83	대륙군 총사령관
1749	측량기사	1787	제헌회의 의장
1752	버지니아 민병대 장교	1789-97	합중국 대통령
1755	버지니아 민병대 사령관	1799	12월 14일 버지니아 마운트 버논에서 영면
1759-74	버지니아 하원 의원		

펜실베이니아의 제임스 윌슨

"이 세상에서 나타난 적이 없었던 최고의 정부 형태"-제임스 윌슨은 자신이 초안에 기여하고 서명했던 합중국 헌법을 이렇게 말했다. 그는 독립선언문에도 서명했으며 합중국 대법원 판사도 역임했다.

스코틀랜드에서 태어나 그곳에서 교육을 받았지만 윌슨은 젊은 펜실베이니아 변호사로서 애국파의 지도자가 되었다. 필라델피아에서는 존 디킨슨의 문하에서 법학을 수학했다. 그리고 이들 사제는 대륙회의에서 함께 활동했다. 1774년 윌슨이 대륙회의에 진출하기 전 그는 세심하고 논리적인 필치로『영국 의회의 입법 권한에 관한 고찰』이라는 소책자를 썼는데, 그것은 대담하게도 영국 의회는 식민지에 대한 권한이 없다고 결론지었다. 대륙회의에서 그는 독립에 찬성표를 던졌던 세 명의 펜실베이니아 대의원 가운데 하나였다.

1779년에는 윌슨의 집이 공격을 당하는 이상한 사고가 있었다. 반역 혐의를 받고 있는 상인들을 윌슨이 법정에서 변호하자 (윌슨이) 대의를 배신했다고 생각했던 애국파 일당의 소행이었다. 그러나 전쟁 후에도 그는 계속해서 대륙회의와 제헌회의에서 펜실베이니아를 대표했다.

제헌회의에서 윌슨은 대의원 직과 함께 당시 81세였던 벤자민 프랭클린의 대변인이라는 두 가지 역할을 이행하고 있었다. 변호사이자 정치이론가였던 윌슨은 주권재민의 원칙에 심취해 있었다. 그래서 그는 대통령과 의회 모두 대중선거를 통해 선출하자고 주창했다. 세부항목위원회의 일원으로 헌법의 초안을 작성했고 그것은 최종안의 토대가 되었다. 또한 회기 내내 프랭클린의 설득력 있는 메시지를 전달함으로써 대의원들에게 사소한 이견에 연연하지 말 것을 촉구하여 헌법을 최종적으로 통과시켰다. 1787년 후반 펜실베이니아 비준회의에서는 직접 설득력 있는 연설을 함으로써 비준에 필요한 찬성을 얻었다. 2년 후 펜실베이니아는 그를 소환하여 그의 주를 위한 새로운 헌법을 쓰도록 하였다.

새 헌법 원년에 윌슨은 합중국 대법원 판사로 복무했다. 그가 내렸던 가장 중요한 판결들은 새로 형성된 합중국의 국민들이 하나의 국가를 형성했다는 사실을 확인시켜 주었다. 그리고 필라델피아 대학의 법학 강사로서 국민주권의 원칙을 법의 영역에서 해석하는 임무를 떠맡았다. 그리하여 그는 혁명의 법적 정당성을 제공하며 미국의 독특한 사법시스템의 효시가 되었다.

BY PHILIP WHARTON   INDEPENDENCE NATIONAL HISTORICAL PARK

1742	9월 14일 스코틀랜드 세인트 앤드류스 출생	1779-82	프랑스 담당 법무관
1763-65	에딘버러 대학 수학	1782-83 1785-87	연합회의 대의원
1766	필라델피아 대학 고전학 교수	1787-90	펜실베이니아 제헌의회 대의원
1767	변호사 개업	1789-98	합중국 대법원 판사
1774-75	펜실베이니아 지역의회 의원	1798	8월 21일 노스캐롤라이나 에덴턴에서 영면
1775-77	대륙회의 대의원		

독립선언문 서명자

New Hampshire
조시아 바레트
윌리엄 휘플
매튜 쏜톤

Massachusetts Bay
사무엘 애덤스
존 애덤스
로버트 트리트 페인
엘브리지 제리
존 행콕

New York
윌리엄 플로이드
필립 리빙스턴
프란시스 루이스
루이스 모리스

North Carolina
윌리엄 후퍼
조셉 휴스
존 펜

South Carolina
에드워드 러트리지
토마스 헤이워드 Jr.
토마스 린치 Jr.
아서 미들턴

New Jersey
리차드 스톡턴
존 위더스푼
프란시스 홉킨슨
존 하트
아브라함 클락

Rhode Island
스테판 홉킨스
윌리엄 엘러리

Delaware
시저 로드니
조지 리드
토마스 매킨

Maryland
사무엘 체이스
윌리엄 파카
토마스 스톤
찰스 캐롤

Connecticut
로셔 셔먼
사무엘 헌팅턴
윌리엄 윌리엄스
올리버 월코트

Georgia
버턴 귀네트
라이만 홀
조지 월턴

Pennsylvania
로버트 모리스
벤자민 프랭클린
존 모턴
조지 클라이머
제임스 스미스
조지 테일러
제임스 윌슨
조지 로스

Virginia
조지 와이드
리차드 헨리 리
토마스 제퍼슨
벤자민 해리스
토마스 넬슨 Jr.
프란시스 라잇풋 리
카터 브랙스턴

합중국헌법 서명자

New Hampshire
니콜라스 길먼
존 랭든

Massachusetts
나다니엘 호햄
루프스 킹

Connecticut
윌리엄 사무엘 존슨
로저 셔먼

New York
알렉산더 해밀턴

New Jersey
윌리엄 리빙스턴
데이빗 브리얼리
조나단 데이튼

Pennsylvania
벤자민 프랭클린
토마스 미플린
로버트 모리스
조지 클라이머
토마스 피지몬스
제레드 잉거솔
제임스 윌슨
구버뇌 모리스

Delaware
조지 리드
거닝 베드포드 Jr.
존 디킨슨
리차드 바세트
제이콥 브룸

Maryland
제임스 매킨리
다니엘 오브 세인트 토마스 제니퍼
다니엘 캐롤

Virginia
존 블레어
제임스 매디슨, Jr.

North Carolina
윌리엄 블로운트
리차드 돕스 스페이트
휴 윌리엄슨

South Carolina
존 러트리지
찰스 코트워스 핑크니
찰스 핑크니
피어스 버틀러

Georgia
윌리엄 퓨
아브라함 볼드윈

Acknowledgments

For assistance in obtaining the portraits of the Founding Fathers, I am indebted to:

Mr. David McIntyre, Baltimore Museum of Art

Miss Elaine Zetes, Museum of Fine Arts, Boston

Miss Elizabeth Rodges, Colonial Williamsburg

Mr. Glenn Thomas, Corcoran Gallery of Art

Miss Mildred Steinbach, Miss Helen Sanger, Mr. Gregory Jedzinak and Mr. Eliot Rowlands, Frick Art Reference Library

Mr. Robert Giannini, Mr. Mr. Warren McCullough, Independence National Historical Park

Mr. Anthony Cucchiara, Long Island Historical Society

Mrs. Lois McCauley, Mrs. Ethel Newell, National Portrait Gallery

Mr. James Heslin, New York Historical Society

Mrs. Mary Southall, Virginia Historical Society

Miss Karol Schmiegel, Winterthur Museum

Miss Susan Ewell, The White House

Miss Denise D'Avella, Yale University Art Gallery

For assistance and advise, I am indebeted to:

Dr. Robert F. Brockmann of the University of Maryland

Mr. Robert Kramer, Mr. James Quinn of R. R. Donnelley & Sons Co.

Mrs. Brenda Smith of Glen Burnie, Maryland

Cover: **The Declaration of Independence by John Trumbull**
    COURTESY CAPITIAL HISTORICAL SOCIETY

Appendix

1776년 7월 4일 의회에서 고하는
아메리카 13개국 연합 만장일치의 선언문

인류사의 여정에 있어서 어느 집단이 그들과 연계된 다른 집단과의 정치적 고리를 파기하고 세상의 여러 정치권력들 사이에서 자연법과 자연신법이 부여한 독립적이고 동등한 위상을 정립할 필요성이 발생하였다면 그 불가피한 이유를 만방에 천명하여 의견을 구하는 것이 인류에 대한 도리일 것입니다. 우리는 다음을 자명한 진리라고 믿습니다. 모든 인간은 평등하게 태어났다. 그리고 그들은 창조주로부터 확고한 불가침의 권리를 부여받았다. 그 (권리의) 일부가 생명, 자유, 그리고 행복추구의 권리이다. 이러한 권리를 담보하기 위하여 인간 사회에 정부가 구성되었으며, 그 정부의 정당한 권력은 시민의 동의로부터 발생한다. 어떠한 정부라도 이러한 목표에 해악이 된다면 그것을 개혁하거나 타파하여 새로운 정부를 수립하고, 그러한 원칙에 기초하여, 그들의 안전과 행복을 가장 충실히 구현할 수 있는 권력을 조직하는 일은 바로 시민의 권리이다. 오랫동안 있었던 정부를 가볍고 일시적인 이유로 교체하는 것은 실로 신중하지 못한 일입니다. 그리고 인류는 몸에 배인 제도를 타파하여 폐악을 바로잡기보다는 인내할 수만 있다면 인내하는 경향이 있음을 역사는 말해 주고 있습니다. 그러나 기나긴 학대와 착취의 행렬이 요지부동으로 단일한 목표를 향해 움직이며 그들을 절대 전제정치의 치하에 예속시키려는 본색을 드러냈을 때, 그러한 정부를 타도하고 미래의 안녕을 위하여 새로운 정부를 출범시키는 것은 시민의 권리이자 의무입니다. 이것이 바로 식민지 체제하에서 (우리들이) 인내로써 견뎌 왔던 고통입니다. 그리고 이것이 바로 오늘날 (우리가) 작금의 통치 체제를 변경할 수밖에 없는 필연적 이유인 것입니다. 지금의 영국 왕은 끊임없는 위압과 침탈의 역사를 써 내려온 자로서, 그 목적은 오로지 이 땅에서 절대 전제 정권을 구축하는 것입니다. 이를 증명하기 위하여 공정한 세상에 (다음과 같은) 사실을 고하는 바입니다. 그는 공공의 이익에 가장 부합되고 필수적인 법률들을 승인하지 않았습니다. 그는 긴급하고 중요한 법안들이 그의 승인이 있을 때까지 (처리가) 유보되지 않았다면 (그 휘하의) 총독들에게 그 법안들의 통과를 금지시켰습니다. 그리고 그렇게 보류된 후에는 그것들을 거들떠보지도 않았습니다. 그는 지역민들이 입법부에서 대의권을 포기하지 않는다 하여 (인구가 많은) 대형 지역구 신설에 관한 법률제정을 거부하였습니다. 폭군에게나 두려울 뿐 시민들에게는 더없이 소중한 권리임에도 불구하고 말입니다. 그는 대의원들이 지쳐서 할 수 없이 그의 법령을 받아들이도록 만들고자 공공 기록 보관소에서 멀리 떨어진 생소하고 불편한 장소에서 의회를 소집하곤 했습니다. 그는 자신이 자행하는 시민권 침해를 (의회가) 용감하고 단호하게 반대하였다 하여 반복적으로 의회를 해산하였습니다. 해산 이후에도 그는 오랫동안 대의원 선출을 거부하였습니다. 그럼에도 입법권은 결코 소멸될 수 없는 것이기에 전 식민지의 대중들이 행사할 수 있도록 복원되곤 하였습니다. 그런 (무정부 상태의) 와중에 이 땅은 외부로부터의 침략과 내부로부터의 정변이라는 위험에 노출될 수밖에 없었습니다. 그는 이 땅에서 인구의 억제를 조장하였습니다. 그 목적을 위하여 외국인 귀화법 제정을 반대하는가 하면 이민자들이 이곳으로 이주하도록 장려하는 다른 법안들의 통과를 거부하였고 토지의 신규 전용 조건을 강화하였습니다. 그는 법원 설치에 관한 법률 승인을 거부함으로써 법무 집행을 방해했습니다. 그는 법관들에게 직위와 녹봉을 빌미로 자신의 뜻만을 따르도록 만들었습니다. 그는 다수의 관청을 신설하고 관리들을 이곳으로 파견하여 우리들을 괴롭히며 국록을 축냈습니다. 그는 평상시에도 우리 의회의 동의 없이 민간에 군대를 상주시켰습니다. 그는 군대를 민간 권력과 독립된 상급 기관으로 편성하였습니다. 그는 본국의 의원들과 야합하여 우리의 헌법과 이질적이고 우리의 법 체계로는 용납할 수 없는 사법 체계에 우리를 예속시켰습니다. 그들이 만든 터무니없는 법들을 승인했던 것입니다. (그것들을 열거하면) 대규모 무장 병력을 민간에 숙영시키는 법: 그들이 이 땅의 주민들을 살해해도 처벌받지 않도록 부당 재판으로 그들을 비호하는 법: 우리와 전 세계의 교역을 차단하는 법: 우리의 동의 없이 우리에게 세금을 부과하는 법: 많은 사건에서 우리의 배심재판 혜택을 박탈하는 법: 누명을 씌우고 재판에 회부하여 바다 건너로 이송시키는 법: 인접 지역에 괴뢰정부를 세우고 확장시켜, 우리들의 식민지에서도 절대 통치의 선례이자 도구로 이용하여 (이 땅에서) 영국식의 자유로운 법률 체계를 철폐하는 법: 우리의 특허장을 박탈하고 우리의 가장 소중한 법률들은 철폐하며 우리 정부의 형태를 근본적으로 변경하는 법: 우리 의회들의 기능을 정지시키고 우리에 관한 법 제정은 어떤 경우에도 자신들의 권한이라고 선언하는 법. 그는 이곳의 정부를 팽개치고, 우리가 그의 보호 대상이 아님을 천명하며 우리와의 전쟁에 돌입했습니다. 그는 우리에게 바다에서는 약탈을, 해안에서는 파괴를, 마을에서는 방화를 자행하며, 생명을 살상하였습니다. 그는 이 순간에도 살상과 파괴와 폭정이라는 과업을 완수하기 위하여 대규모의 외국인 용병을 파병하여 가장 야만스러운 시대에도 그 유례를 찾기 힘든, 그리고 문명국의 왕에게는 걸맞지 않는 잔인함과 거짓으로 무장한 채 그 행군을 시작하였습니다. 그는 우리 시민들을 공해상에서 나포하여 그들의 모국에 대적하여 무기를 들도록 강요함으로써 친구와 형제들을 죽이거나 또는 그들의 손에 쓰러지게 하였습니다.

그는 우리 내부의 자중지란을 부추겼으며, 나이와 성별과 상황에 개의치 않는 살육을 전쟁의 수칙으로 삼는 무자비한 인디언 야만족들을 변경의 우리 주민들에게 끌어들였습니다. 이러한 박해가 있을 때마다 우리는 가장 정중한 표현으로 시정해 줄 것을 탄원하였습니다. 우리의 거듭된 탄원은 그러나 거듭된 모욕으로 돌아올 뿐이었습니다. 모든 행실이 이렇게 폭군으로 규정될 수 있는 성격을 가진 군주는 자유시민의 통치자로서 적합하지 않습니다. 우리는 영국에 있는 동포들에게도 부족함 없이 성의를 다하였습니다. 우리는 그들의 의회가 우리에게 부당한 통치권을 확대하려는 시도를 그들에게 수시로 알리곤 했습니다. 우리는 그들에게 이곳에서의 이주와 정착 상황을 하소연해 왔습니다. 우리는 그들의 인간적 정의감과 혜량에 호소하였으며, (그들과) 우리의 혈연적 유대에 의거하여, 우리의 결속과 교류를 필연적으로 파탄시킬 이와 같은 침탈은 그들과 무관하다고 주장해 줄 것을 간청하였습니다. 그들 역시 정의와 혈연의 목소리를 외면하였습니다. 그러므로 우리는 부득불 해야 할 일을 하지 않을 수 없습니다. 그것은 바로 그들과의 분리를 선포하고 여느 나라 사람들과 마찬가지로 그들을 전시에는 적으로 그리고 평시에는 친구로 대우하는 것입니다. 따라서 우리 아메리카 합중국 내 각국의 대의원들은 전체 회의를 갖고 우리의 의도가 의롭게 이행될 수 있도록 이 세상 최고의 심판자께 간청하오며, 선량한 식민지 연합 시민들의 이름과 권위로써 (아래와 같이) 엄숙히 발표하고 선언하는 바입니다. "우리 식민지 연합은 자유롭고 독립적인 국가들이며 그것은 우리들의 당연한 권리이다. 영국 왕실에 대한 우리의 모든 충성의 의무는 해지되었다. 그들과 우리의 모든 정치적 관계는 완전히 소멸되었으며, 또한 그렇게 되어야만 한다. 자유롭고 독립적인 국가로서 우리는 전쟁을 수행하고 평화를 조인하며 동맹을 체결하고 통상을 수립하는 등 독립국가로서의 권리에 입각하여 실행할 수 있는 모든 조치들에 대한 일체의 권한을 갖는다. 이 선언을 지지함에 있어서, 우리는 하나님의 섭리가 우리를 보호해 주실 것을 굳게 믿으며, 우리의 생명과 재산과 신성한 명예를 걸고 서로를 향하여 굳게 맹세하는 바입니다.

원문 // Thomas Jefferson · 번역 // Jong Kweon Yi

미합중국 헌법

전문

우리 합중국 국민은 더욱 완벽한 연방을 결성하고 정의를 확립하여 국내의 안녕을 확보하고 공동의 방위를 제공하며 총체적 복지를 증진하고 우리와 우리 후손에게 자유의 축복을 담보하고자 이와 같이 미합중국 헌법을 제정하는 바이다.

제1조

제1절

본 헌법이 부여하는 모든 입법 권한은 합중국 의회에 귀속되며, 의회는 상원과 하원으로 구성된다.

제2절

1항 하원은 각 주의 주민이 2년마다 선출하는 의원으로 구성하며, 각 주의 선거인은 해당 주에서 의원 수가 가장 많은 원의 의원을 선출하는 선거인에게 요구되는 자격 요건을 구비해야 한다.

2항 선거 당시 25세 미만이거나 합중국 시민으로서 7년이 지나지 않았거나, 또는 출마하려는 주의 주민이 아닌 자는 하원 의원이 될 수 없다.

3항 ~~하원 의원의 수와 직접세는 연방에 가입하는 각 주의 인구에 비례하여 각 주에 배정한다. 각 주의 인구는 연기 계약 노무자를 포함한 자유인의 총수에, 세금 부과 대상이 아닌 인디언을 제외하고, 그밖의 인구(*흑인 노예) 총수의 5분의 3을 가산하여 결정한다.~~ (수정헌법 제13조, 제14조로 폐기/역주) 인구의 산정은 최초의 합중국 의회 개최 후 3년 이내, 그리고 그 후 매 10년마다 법률이 정하는 바에 따라 실시한다. 하원 의원의 수는 인구 3만 명당 1명의 비율을 초과하지 못한다. 다만, 각 주는 적어도 1명의 하원 의원을 갖는다. 그러한 인구의 산정이 실행되기 전까지 뉴햄프셔주는 3명, 매사추세츠주는 8명, 로드아일랜드주 및 프로비던스 식민지는 1명 코네티컷주는 5명, 뉴욕주는 6명, 뉴저지주는 4명, 펜실베이니아주는 8명, 델라웨어주는 1명, 메릴랜드주는 6명, 버지니아주는 10명, 노스캐롤라이나주는 5명, 사우스캐롤라이나주는 5명, 그리고 조지아주는 3명의 의원이 배정된다.

4항 하원 의원의 결원이 발생한 주에서는 해당 주의 행정당국이 선거명령을 발표하여 결원을 채운다.

5항 하원은 의장과 기타 임원들을 자체적으로 선출하며, 탄핵소추권을 독점한다.

제3절

1항 합중국 상원은 ~~각 주의 입법부에서 선출한~~ (수정헌법 제1조로 개정/역주) 6년 임기의 상원 의원 2명씩으로 구성하며 각 상원 의원은 한 표의 투표권을 가진다.

2항 최초의 선거 결과로 선출된 상원 의원들은 소집 직후 가능한 한 동수의 3개 그룹으로 분할된다. 첫 번째 그룹의 의원들은 2년 만기로, 두 번째 그룹의 의원들은 4년 만기로, 그리고 세 번째 그룹의 의원들은 6년을 만기로 그 의석을 비워져야 한다. 이렇게 하여 (상원 의원의) 3분의 1이 2년마다 선출될 수 있도록 한다. ~~그리고 어떤 주에서든 주 의회의 휴회 중에 사직 또는 다른 이유로 상원 의원의 결원이 생길 때에 그 주의 행정부는 다음 회기의 주 의회가 결원을 보충할 때까지 잠정적으로 상원 의원을 임명할 수 있다.~~ (수정헌법 제17조로 개정)

3항 선거 당시 30세 미만이거나, 합중국 시민으로서 9년이 지나지 않았거나, 또는 출마하는 주의 주민이 아닌 자는 상원 의원이 될 수 없다.

4항 상원 의장은 합중국 부통령이 겸임하며, 가부 동수일 경우를 제외하고는 투표권을 행사하지 않는다.

5항 상원은 (의장 이외의) 기타 임원들을 자체적으로 선출하며, 부통령이 결석 혹은 합중국 대통령의 직무를 집행중일 때는 임시 의장도 선출한다.

6항 모든 (종류의) 탄핵심판권은 상원에 귀속된다. 이 목적으로 회의를 개최할 때 의원들은 선서 또는 확약을 해야 한다. 합중국 대통령이 탄핵심판을 받을 경우 연방 대법원장이 의장직을 맡는다. 탄핵심판은 출석 의원 3분의 2 이상의 찬성으로 유죄가 선고된다.

7항 탄핵 심판은 합중국 하에서의 명예직, 위임직, 그리고 유급직으로부터의 면직과 자격박탈 이상의 판결을 내릴 수 없다. 그러나 (탄핵심판에서) 유죄 판결을 받았다 해도 법률에 따른 기소와 재판과 판결과 처벌의 대상이 될 수 있다.

제4절

1항 상원과 하원의 선거 일시와 장소 그리고 방법은 각 주의 주 의회가 정한다. 그러나 합중국 의회는 상원 의원의 선거 장소를 제외한 해당 규정을 언제든지 법률로써 제정 또는 개정할 수 있다.

2항 연방 의회는 적어도 1년에 1회 이상 회의를 해야 한다. 법률로 다른 날짜를 지정하지 않는 한 12월

첫 번째 월요일로 한다. (수정헌법 제20조로 개정/역주)

제5절

1항 각 원은 소속 의원의 당선과 개표 그리고 자격을 판정하며, (소속 의원의) 과반수로 의사 정족수를 구성한다. 정족수 미달 시 출석의원의 결의로 회의를 (즉석에서) 그날그날 연기할 수 있으며, 각 원에서 정하는 방법과 처벌 규정에 준하여 미출석 의원의 출석을 강제할 수 있다.

2항 각 원은 회의진행 규칙을 결정할 수 있고, 원내 질서를 어지럽힌 의원을 징계할 수 있으며, (재적)의 원 3분의 2(이상)의 찬성으로 의원을 제명할 수 있다.

3항 각 원은 의사록을 작성하여야 하며, 각 원에서 보안이 요구된다고 판단하는 부분 이외에는 (의사록 을) 수시로 공표해야 한다. 의사록에는, 출석의원 5분의 1의 요청이 있으면, 어떠한 문제에 있어서든 의 원들의 찬반 여부를 기재해야 한다.

4항 양원은 회기 중, 다른 원의 동의 없이, 3일 이상 휴회할 수 없으며 각 원이 개최하게 될 장소 이외의 곳으로 회의장을 변경할 수 없다.

제6절

1항 상원 의원과 하원 의원은 법률에 의거하여 직무에 대한 보수를 받으며, (보수는) 합중국 국고에서 지급된다. 양원의 의원은 반역죄, 중죄 및 치안 방해죄를 제외하고는 어떠한 경우에도 회의 출석 중이 나 의사당까지의 왕복 도중에 체포되지 않을 특권을 가진다. 또한, 양원의 의원은 원내에서의 발언과 내용에 대하여 원외에서 문책받지 않는다.

2항 상원 의원과 하원 의원은 재임기간 중 합중국 산하의 어떠한 공직에도 선출 또는 임명될 수 없으며, 그 기간 중 신설된 직책을 가질 수 없고 보수를 인상할 수 없다. 합중국 산하의 공직을 가진 자는 누구도 양원의 의원직을 겸임할 수 없다.

제7절

1항 세금징수에 관한 모든 법률안은 하원에서 발의되어야 한다. 상원은 다른 법안들과 마찬가지로 (하 원에 세금징수 법안 발의를/역주) 제안하거나 수정안을 붙여 동의할 수 있다.

2항 하원과 상원을 통과한 모든 법안은 법률로 확정되기에 앞서 합중국 대통령에게 이송된다. 대통령 은 (이 법률안에) 찬성하면 서명을 하고, 찬성하지 않으면 이의서를 첨부하여 이 법안을 발의했던 원으로 반송한다. 법안을 반송 받은 원에서는 대통령이 첨부한 이의서를 회의록에 상세히 기록한 후 재심의 해야 한다. 재심의 후 소속 의원 3분의 2 이상 찬성으로 (이 법안을) 통과시키면 (대통령의) 이의서와 함께 다른 원으로 송부한다. 이송된 법안을 다른 원에서 재심하여 소속 의원 3분의 2 이상 찬성으로 가결 되면 법률로 확정된다. 이 모든 경우에서 있어서 표결은 찬반에 의해 결정되며, 해당 법안에 찬성표와 반대표를 던졌던 의원들의 명단을 각 원의 의사록에 기록한다. 대통령에게 제출된 법안이 10일 (일요일 제외) 안에 (의회로) 반송되지 않으면 해당 법안은 대통령이 서명한 것과 마찬가지로 법률로 확정된다. 다만 의회의 휴회로 인하여 반송되지 않은 경우는 법률이 되지 못한다.

3항 상·하 양원의 동의를 필요로 하는 모든 명령, 결의 또는 표결(휴회에 관한 결의는 제외)은 합중국 대통령에게 이송해야 하며, 대통령의 승인으로, 또는 대통령이 승인하지 않을 경우, 법안과 동일한 규칙 및 제한에 따라서, 상원과 하원 소속 의원 3분의 2이상의 찬성으로 다시 통과되면, 효력이 발생한다.

제8절

1항 의회는 다음의 권한을 갖는다.

조세, 관세, 부과금 그리고 소비세를 부과하고 징수하며, (정부의) 채무를 변제하고 합중국 공동의 방위 와 총체적 복지를 제공한다. 단, 모든 관세와 부과금 그리고 소비세는 합중국 전역에서 동일하게 적용 한다.

2항 합중국의 신용으로 금전을 차입한다.

3항 외국과의 통상, 여러 주 사이의 통상, 그리고 인디언 부족들과의 통상을 규제한다.

4항 합중국 전역에서 동일하게 적용되는 귀화 규정과 파산법을 제정한다.

5항 화폐를 발행하고, 합중국 화폐와 외화의 가치를 조정하며, 도량형의 기준을 결정한다.

6항 연방정부의 유가증권 및 통화 위조에 대한 처벌규칙을 제정한다.

7항 우체국을 설립하고 우편 도로를 건설한다.

8항 저작자와 발명가에게 그들의 저술과 발명에 대하여 일정 기간 독점적인 권리를 확보해 줌으로써 과학과 유용한 기술의 발달을 촉진한다.

9항 연방 대법원 아래에 하급 법원을 설치한다.

10항 공해에서 일어나는 해적 행위 및 중죄 그리고 국제법에 위배되는 범죄를 정의하고 처벌한다.

11항 전쟁을 선포하고, 해상무장 및 나포 허가장을 수여하고, 지상 및 해상에서의 포획행위에 관한 규 칙을 정한다.

12항 육군을 창설하고 지원한다. 다만, 이 용도의 지출 기간은 2년을 초과하지 못한다.

13항 해군을 창설하고 이를 유지한다.

14항 육군과 해군의 통수에 관한 규칙을 제정한다.

15항 연방 법률을 집행하고, 반란을 진압하며, 외침을 격퇴하기 위하여 민병 소집에 관한 규칙을 제정한다.

16항 민병대를 편성, 무장 및 훈련하며 그들 중 합중국에 복무하는 자들을 관리하는 규칙을 제정한다. 각 주는 민병대의 장교를 임명하고 의회가 규정한 훈령에 따라 민병대를 훈련시킬 권한을 가진다.

17항 특정 주가 연방정부에 양도하고, 연방 의회가 이를 수령함으로써 연방정부의 소재지가 될 예정인 (10평방마일을 초과하지 않는) 지역에 대하여는 어떠한 경우를 막론하고 (의회가) 독점적인 입법권을 행사한다. 마찬가지로 요새, 탄약고, 무기고, 군함기지 등의 필요한 건물을 세우기 위하여 주 의회의 승인을 얻어 (연방정부가) 구입한 모든 장소에 대해서도 (의회는) 동일한 권한을 가진다.

18항 이상의 권한들을 실행하는 데 있어서, 그리고 헌법이 합중국 정부 또는 각 부처 또는 담당자에게 부여한 권한을 행사하는 데 있어서, 필요하고 적절한 모든 법률을 제정한다.

제9절

1항 현존하는 일부 주에서 받아들이는 것이 적절하다고 생각하는 사람들의 이주와 수입은 1808년까지는 의회에서 금지하지 못한다. 그러나 그러한 수입에 대한 세금 또는 관세는 1인당 10달러를 초과하지 않는 선에서 부과될 수 있다.

2항 인신 보호 영장에 관한 특권은 반란 또는 외침 시 공공안전을 위해 요구되는 경우를 제외하고는 유예될 수 없다.

3항 개인의 권리 박탈법 또는 소급 처벌법은 통과시키지 못한다.

4항 인두세나 그 외의 직접세는 ~~앞서 규정한 인구수 산정에 따르지 않는 한~~ 부과하지 못한다. (수정헌법 제16조로 개정)

5항 타주에서 수출된 물품에 조세 또는 관세를 부과하지 못한다.

6항 어떠한 통상 또는 세입 규정으로도, 특정 주의 특정 항구를 다른 주의 어떤 항구보다 특혜를 줄 수 없다. 또한 특정 주에서 출항하였거나 입항하는 선박을 다른 주에서 입항, 하역 또는 관세 납부를 강요할 수 없다.

7항 국고의 재화는 법률에 의거한 예산만이 지출될 수 있다. 모든 공금의 수납과 지출에 대한 정식 명세

서를 수시로 공표해야 한다.

8항 합중국은 어떠한 귀족의 칭호도 수여하지 아니한다. 합중국 산하의 유급 관직 또는 위임에 의한 관직을 가진 자는 누구든 의회의 승인 없이는 어떠한 국왕, 왕족 또는 국가로부터든지 일체의 선물, 보수, 관직 또는 칭호를 받을 수 없다.

제10절

1항 모든 주는 조약, 동맹 또는 연합을 체결하거나, 나포허가장을 발부하거나, 화폐를 주조하거나, 신용증권을 발행하거나, 금화 및 은화 이외의 것으로써 채무 변제의 수단으로 사용하거나, 사권박탈법, 소급법 또는 계약의 의무를 해치는 법률을 제정하거나, 또는 귀족의 칭호를 수여할 수 없다.

2항 모든 주는 수입품 또는 수출품에 대하여 검사법의 시행에 절대적으로 필요한 금액을 제외하고는, (합중국) 의회의 동의 없이는, 세금 또는 관세를 부과하지 못한다. 수입품 또는 수출품에 부과된 모든 세수는 어떤 주에서 부과되었든 합중국 국고에 전액 귀속된다. 이와 관련된 모든 법률의 수정과 통제는 (합중국) 의회의 소관이다.

3항 어떠한 주도, (합중국) 의회의 동의 없이는, 선박세를 부과하거나 평화 시에 군대나 군함을 보유하거나, 다른 주나 외국과 협정이나 조약을 체결하거나, 침략을 당하여 지체할 수 없는 위험에 처하지 않았음에도 전쟁에 개입해서는 아니 된다.

제2조

제1절

1항 행정권은 미합중국 대통령에 귀속된다. 대통령의 임기는 4년이고, 부통령과 동일한 기간을 재직하며 다음과 같이 선출된다.

2항 각 주는 해당 주의 의회가 정하는 바에 따라 선거인을 임명하되, 그 숫자는 (합중국) 의회에서 해당 주에 부여한 상원 의원과 하원 의원을 합친 숫자와 동일하게 한다. 그러나 상원 의원이나 하원 의원, 또는 합중국 정부 산하에서 위임직이나 유급 관직을 가진 자는 선거인으로 임명될 수 없다.

3항 선거인들은 각기 자기 주에서 모임을 가지고 비밀 투표에 의하여 2인을 지지하는 투표권을 행사하되, 그중 적어도 1인은 자기와 동일한 주의 주민이 아니어야 한다. 선거인들은 모든 득표자들의 명부와 각 득표자의 득표수를 기재한 표를 작성하여 서명하고 증명을 받은 다음, 봉인하여 연방정부 소재지의 상원 의장 앞으로 보낸다. 상원 의장은 상원 의원 및 하원 의원들 앞에서 모든 증명서를 개봉하고 선거인들의 투표 내용을 공개한다. 최고 득표자의 득표수가 선거인단 총수의 과반수가 되면, 그 득표자가 대통령으로 당선된다. 과반수 득표자가 2인 이상이고 득표수가 같을 때는 하원이 즉시 비밀 투표로 그 중 1인을 대통령으로 선출한다. 과반수 득표자가 없을 경우에는 하원이 동일한 방법으로 최다 득표자 5명 중에서 대통령을 선출한다. 다만, 이러한 방법으로 대통령을 선거할 때에는 선거를 주 단위로 하고, 각 의원은 1표의 투표권을 가지며, 이 선거에 필요한 정족수는 각 주의 하원 의원 3분의 2 이상인 1명 또는 그 이상의 의원이고, 전체 주의 과반수 찬성을 얻는 후보가 대통령이 된다. 어떤 경우에서나 대통령을 선출하고 난 뒤에 선거인단으로부터 최다수의 득표를 한 사람이 부통령이 된다. 다만, 최다 득표자가 2인 이상 있을 때에는 상원이 비밀 투표로 그중에서 부통령을 선출한다. (수정헌법 12조로 사문화)

4항 의회는 선거인들의 선출일과 이들의 (대통령) 투표일을 결정할 수 있으며, 이 투표일은 합중국 전역에서 같은 날로 한다.

5항 합중국에서 태어난 시민권자가 아니거나, 본 헌법이 채택되는 시점에 합중국 시민권자가 아닌 자는 대통령직의 자격이 되지 못한다. 나이 35세 미만이거나 또는 선거 당시 합중국 거주 기간이 14년에 미달되는 사람도 대통령이 될 자격에 미달한다.

6항 대통령이 면직되거나 사망하거나 사직하거나 또는 그 권한과 직무를 수행할 능력을 상실할 경우에 대통령의 직무는 부통령에게 귀속된다. 연방 의회는 대통령의 면직, 사망, 사직 또는 직무 수행 불능의 경우를 법률로 규정할 수 있으며, 그러한 경우에 누가 대통령의 직무를 수행할지 결정하고 선포한다. 이 대행자는 대통령이 권한과 직무를 수행할 능력을 회복하거나 새로운 대통령이 선출될 때까지 대통령의 직무를 대행한다. (수정헌법 25조로 개정)

7항 대통령은 직무 수행에 대한 대가로 정해진 시기에 보수를 받으며, 선출된 임기 중에 그 보수는 인상되거나 인하되지 않으며, 그 임기 중에는 합중국 또는 합중국 내 어떤 주로부터도 다른 어떤 보수도 받지 아니한다.

8항 대통령은 취임에 앞서 다음과 같이 선서 또는 확약해야 한다: "나는 합중국 대통령의 직무를 성실히 수행하며, 최선을 다하여 합중국 헌법을 보전하고 보호하며 수호할 것을 엄숙히 선서한다."

제2절

1항 대통령은 합중국 육군과 해군의 통수권자이며 각 주의 민병대가 소집되어 실제 복무 시 민병대의 총사령관이 된다. 대통령은 행정부 소속 부처의 수장에게 해당 부처의 직무에 관한 의견을 문서로 밝혀 줄 것을 요구할 수 있다. 대통령은 합중국에 대한 범법행위에 대하여 형집행 정지 및 사면을 내릴 수 있는 권한을 가진다. 단, 탄핵된 자에게는 (이 혜택이) 해당되지 않는다.

2항 대통령은 상원의 자문과 동의를 얻어 조약을 체결할 권한을 가지며, 출석의원 3분의 2의 동의를 조건으로 한다. 또한 대통령은 상원의 자문과 동의를 얻어 합중국 대사와 공사, 영사, 대법원 판사 그리고 다른 정부 관리들을 지명 및 임명할 수 있다. 그 임명에 대해서는 본 헌법에서 규정하지 않고 추후 법률로 정한다. (합중국) 의회는 타당하다고 인정되면 법률에 의거하여 그 하급관리의 임명을 대통령, 법원 또는 부처의 수장의 고유 권한에 위임할 수 있다.

3항 대통령은 상원의 휴회 중에 발생한 모든 결원을 자신의 임명권을 행사하여 충원할 권한을 가진다. 이 권한은 다음 회기의 만료될 때 효력을 상실한다.

제3절

대통령은 연방정부의 상황에 관한 정보를 수시로 의회에 제공하며, 그가 필요하고 유용하다고 판단하는 법안을 (의회에서) 고려하도록 권고한다. 대통령은 특별한 경우 양원 또는 그들 가운데 하나의 원을 소집할 수 있다. 그들의 의견이 일치하지 않을 경우 대통령은 휴회의 시기에 관하여 그가 적절하다고 생각하는 때까지 회의를 연기할 수 있다. 대통령은 대사와 그밖의 공사를 영접하며, 법이 충실하게 집행되는지 관리하며 합중국의 모든 관리들에게 직무를 위임한다.

제4절

대통령, 부통령 그리고 합중국의 모든 정부의 공직자는 반역죄, 수뢰죄 또는 그 밖의 중범죄나 경범죄로 인해 탄핵과 유죄판결을 받으면 면직된다.

제3조
제1절

합중국의 사법권은 하나의 대법원 그리고 연방 의회가 수시로 명령하여 설치하는 하급 법원들에 귀속된다. 판사는, 대법원에 이든 하급법원이든 (소속에 관계없이), 훌륭한 품격을 유지하는 동안에는 직책이 유지되며, 정해진 시기에 근무에 대한 보수를 지급받으며, 이 보수는 재임 중에는 감액되지 않는다.

제2절

1항 사법권은 본 헌법을 비롯하여 합중국의 법률 및 합중국의 권한으로 체결되었거나 체결될 조약으로부터 모든 사건들, 대사와 그 밖의 외교사절 그리고 영사에 영향을 미치는 사건들, 그리고 해상권과 해상재판에 관한 모든 사건, 합중국이 당사자가 되는 분쟁, 두 개 이상의 주 사이의 분쟁, ~~특정 주 정부와 다른 주의 시민 사이의 분쟁~~ (수정헌법 제11조에서 개정), 서로 다른 주의 시민들 간의 분쟁, 타주로부터 증여받은 토지의 권리에 관한 같은 주 시민들 간의 분쟁, 그리고 특정 주 또는 그 주의 시민과 외국 정부, 시민 또는 신민 간의 분쟁까지 관할한다.

2항 대사와 그 밖의 외교 사절 및 영사에 관계되는 사건과 주 정부가 당사자인 사건은 대법원이 원심 관할권을 갖는다. 앞서 언급된 그 밖의 모든 사건에서는 대법원은 법률문제와 사실관계에 대하여 ,몇 가지 예외와 함께, 그리고 의회가 만든 법률에 의거하여 항소심을 관할한다.

3항 탄핵 사건을 제외한 모든 형사 재판은 배심제로 하며, 재판은 해당 범죄 행위가 발생한 주에서 개최된다. 다만 어느 주에도 속하지 않는 곳에서 일어난 범죄일 경우에는 의회가 법률로 정하는 장소에서 재판한다.

제3절

1항 합중국에 대한 반역죄는 합중국에 대항하여 전쟁을 일으키거나 그 적을 추종하거나 그들에게 도움과 편의를 제공한 행위로 제한된다. (피고가) 명백하게 이 같은 행동을 하였다는 증인 두 명의 증언 또는 공개법정에서의 자백이 없이는 누구도 반역죄로 유죄선고를 받지 않는다.

2항 의회는 반역죄 형벌 선고권을 갖는다. 그러나 반역죄로 인한 사권 박탈은 사권이 박탈된 자의 사후에 상속 금지와 재산몰수형을 실행할 수 없다.

제4조

제1절

각 주는 다른 주의 법령, 기록 및 사법 절차에 완전한 신뢰와 신용을 갖는다. 그리고 (합중국) 의회는 이러한 법령, 기록 및 사법 절차를 증빙하는 방법과 그로 인한 효력을 일반 법률로써 규정할 수 있다.

제2절

1항 각 주의 시민은 다른 주의 시민에게 부여된 모든 특권과 면책권을 갖는다.

2항 어느 주에서 반역죄, 중죄 또는 그 밖의 범죄로 인하여 고발된 자가 재판을 피해 도주했다가 다른 주에서 발견된 경우, 그가 도주한 주의 행정 당국의 요청에 의거하여 해당 범죄의 사법권을 가진 주로

인도되어야 한다.

3항 어떤 주에서 그 주의 법률에 의하여 사역 또는 노역을 하도록 명령을 받은 사람이 다른 주로 도피한 경우, 다른 주의 어떠한 법률 또는 규정도 그 사역 또는 노역의 의무를 해제할 수 없으며, 그 사람은 그 사역 또는 노역을 요구할 권리를 가진 해당 주 정부의 청구에 따라 그 주 정부로 인도되어야 한다. (수정헌법 13조로 개정)

제3절

1항 의회는 새로운 주를 연방에 가입시킬 수 있다. 그러나 새로운 주는 다른 주의 관할 구역 안에서 형성 또는 설립될 수 없다. 또한 두 개 또는 그 이상의 주는 각 주의 주 의회와 합중국 의회의 동의 없이는 전체 또는 그 일부를 합병할 수 없다.

2항 의회는 합중국에 귀속하는 영토 및 기타 재산의 처분권을 갖고 있으며, 또한 이에 필요한 법규와 규정을 제정할 권한을 갖는다. 다만 이 헌법의 어떠한 부분도 합중국과 특정 주의 권리를 침해하는 것으로 해석되어서는 안 된다.

제4절

합중국은 연방에 속해 있는 모든 주의 공화정 체제를 보장하고, 침략으로부터 보호하며, 주의회 또는 (주 의회가 소집될 수 없을 경우) 행정부의 요청에 따라 해당 주에서 발생한 폭동으로부터 각 주를 보호한다.

제5조

의회는 상원 의원과 하원 의원 3분의 2가 그 필요성을 인정할 때 본 헌법 수정을 발의할 수 있으며, 또한 전체 주 가운데 3분의 2 이상의 주 의회가 요청에 의하여 헌법수정 발의를 위한 회의를 소집할 수 있다. 어느 경우에나 전체 주 가운데 4분의 3에 해당하는 주의 (주)의회 비준을 받거나 4분의 3에 해당하는 주에서 헌법수정회의의 비준을 받으면 본 헌법의 일부로서 효력을 발생한다. 의회는 (수정헌법안이/역주) 어느 방법으로 비준을 받을지 제안할 수 있다. 다만 1808년에 이루어지는 수정은 어떠한 방법으로도 제1조 제9절 1항과 4항을 변경할 수 없다. 어느 주도 해당 주의 동의 없이는 상원에서 등가적 참정권을 박탈당하지 않는다.

제6조

제1절

본 헌법의 채택 이전에 발생되었던 모든 채무와 계약은 연합 규약 체제에서와 같이 본 헌법 체제하에서도 합중국에 대하여 효력을 갖는다.

제2절

본 헌법과 그에 준거하여 제정될 합중국 법률 그리고 합중국의 직권으로 체결되었거나 체결될 모든 조약은 이 땅의 최고의 법률이며, 따라서 모든 주의 판사들은 (자신이 재직하는) 주의 헌법이나 법률 가운데 배치되는 바가 있을지라도 이 (최고)법을 우선으로 한다.

제3절

앞에서 언급한 상원 의원 및 하원 의원, 각 주의 주 의회 의원, 합중국과 각 주의 행정부와 사법부의 관리들은 선서 또는 확약을 통해 헌법을 지지할 의무를 갖는다. 그러나 합중국 산하의 공직 또는 위임직의 자격요건을 위하여 어떠한 종교적 테스트도 요구되지 않는다.

제7조 (헌법의 비준)

9개 주 헌법 회의의 비준으로 이 헌법은 비준을 거친 주에서 헌법으로 성립된다.

인증 서기 윌리엄 잭슨

헌법제정회의에 참가한 모든 주로부터 만장일치의 동의에 의하여 서기 1787년, 미합중국 독립 12년, 9월 17일 작성되었음. 이를 증명하기 위하여 여기에 서명하는 바이다. (서명 생략)

미합중국 수정헌법

권리장전 (수정 제 1조 - 10조)

전문

많은 주들은 (헌법비준) 의회에서 합중국 헌법을 채택하면서, 헌법이 잘못 해석되거나 헌법이 가지는 권력이 남용되는 것을 막기 위해서는 보다 선언적이고 제한적인 조항들을 추가되어야 한다는 의사를 표명했다. 이러한 조치는 정부에 대한 공적 신뢰의 기반을 넓힘으로써 이 제도의 유익한 목적을 최대한 보장할 것이다.

수정 제1조 [1791년 비준]

의회는 국교와 관련되었거나 자유로운 종교활동을 금지하는 법률을 제정할 수 없다. 또한 언론 또는 출판의 자유와 평화롭게 집회를 갖고 민원의 시정을 정부에 청원할 권리를 제약하는 법률을 제정할 수 없다.

수정 제2조 [1791년 비준]

잘 규율된 민병은 자유로운 주의 안보에 필수적이므로 시민이 무기를 소지하고 휴대할 권리를 무기를 소장하고 휴대할 국민의 권리는 침해받지 않는다.

수정 제3조 [1791년 비준]

평화 시에 군대는 주인의 승낙 없이는 민가에 숙영할 수 없고, 법령에 규정된 방법이 아니면 전시에도 할 수 없다.

수정 제4조 [1791년 비준]

부당한 수색과 압수로 인하여 국민의 권리인 신체, 가옥, 서류 및 재산의 안전이 침해되어서는 안 된다. 영장은 상당한 근거와 그것을 뒷받침하는 선서 또는 확약, 그리고 수색 장소와 대상자 또는 물품에 대한 특정 없이는 발행될 수 없다.

수정 제5조 [1791년 비준]

대배심의 고발이나 기소가 없는 한 누구도 구금된 상태에서 사형 또는 여타의 불명예스러운 범죄에 관한 취조를 받지 않는다. 단, 전시 또는 국가적 위기에 육군이나 해군 또는 민병대에서 복무 중에 일어난 사건들은 예외로 한다. 또한 그 누구도 동일한 범행에 대하여 재차에 걸쳐 생명과 신체의 위협을 받지 않으며, 또한 적절한 법적 절차 없이는 생명, 자유 또는 재산을 박탈당하지 않으며, 정당한 보상 없이 사유재산을 공적 용도로 취해질 수 없다.

수정 제6조 [1791년 비준]
모든 형사 소추에 있어서 피고는 범행이 일어난 주의 지역구에서 공정한 배심원에 의한 공개적이고 신속한 재판을 받을 권리를 갖는다. 그 지역구는 법률에 의해 사전에 정해져 있어야 하며, (피고는) 해당 기소의 성격과 이유를 통보받을 권리를 가지며, 본인에게 불리한 증인과 마주하여 반박할 권리, 본인에게 유리한 증인 확보를 위한 필수 절차를 밟을 권리, 그리고 자신의 변호를 위한 변호사의 조력을 받을 권리를 갖는다.

수정 제7조 [1791년 비준]
일반법에 관한 소송에 있어서 쟁의중인 가치가 20불을 초과하는 경우 배심원의 평결을 받을 권리가 있다. 배심원이 심리한 사실은 일반법의 규정들에 따라서 합중국의 어느 법원에서도 다르게 재심사를 받지 않는다.

수정 제8조 [1791년 비준]
과다한 보석금을 청구하거나, 과다한 벌금을 부과하거나, 무자비하고 비정상적인 형벌을 내릴 수 없다.

수정 제9조 [1791년 비준]
본 헌법에서 (시민의) 권리를 열거하였다고 하여 시민이 갖고 있는 다른 권리들을 부정하거나 무시하는 것으로 해석되어서는 안 된다.

수정 제10조 [1791년 비준]
본 헌법이 합중국에 위임하지 않았거나, 각 주에 금지하지 않은 권한은 각 주 또는 시민에게 귀속된다.

수정 제11조 [1795년 2월 7일 비준]

합중국 내 특정 주를 상대로 다른 주의 시민 또는 다른 나라의 시민 또는 신민이 개시하거나 제기한 일반법이나 형평법 소송을 합중국의 사법권이 관장한다고 해석되어서는 아니된다.

수정 제12조 [1804년 9월 27일 비준]

선거인은 각각 자신들의 소속 주에서 회합하여, 투표용지를 통해 대통령과 부통령 선출을 위한 투표를 하며, 2인 중 적어도 1인은 선거인과 동일한 주의 주민이 아니어야 한다. 선거인은 투표용지에 대통령으로 표를 주고자 하는 사람의 이름을 기입하고, 별개의 투표용지에 부통령으로 표를 주고자 하는 사람의 이름을 기입해야 하며, 대통령으로 득표한 모든 사람과 부통령으로 득표한 모든 사람의 명단을 별도로 만들어 서명하고 인증하여 봉인된 상태로 합중국 정부 소재지의 상원 의장에게 발송한다. 상원 의장은 상원과 하원이 출석한 가운데 모든 증명서를 개봉하고 개표한다. 선임된 총 선거인의 과반수 이상으로 가장 많은 표를 받은 자가 대통령이 된다. 과반수 득표자가 없을 경우 하원은 득표자 명단 가운데 3명을 넘지 않는 최다 득표자들을 대상으로 즉시 투표를 통해 대통령을 선출한다. 다만, 대통령을 선출하는 데 있어서 투표는 주 단위로 하며, 각 주는 한 표의 투표권을 갖는다. 이 목적을 위한 정족수는 전체 주의 2/3 이상의 주로부터 한 명 또는 그 이상의 의원으로 하며, (대통령을) 선택하는 데에는 이들 모든 주들의 과반수를 필요로 한다. ~~태통령 선정권이 하원에 귀속된 경우 하원이 다음 3월 4일까지 대통령을 선정하지 않을 때에는 대통령이 사망하거나 기타 이유로 헌법이 정한 권한과 직무를 수행할 수 없을 때와 마찬가지로 부통령이 대통령의 직무를 행한다.~~ (수정 제20조 3절로 개정) 선임된 총 선거인의 과반수 이상으로 가장 많은 표를 받은 자가 부통령이 된다. 과반수 득표자가 없을 경우 상원은 득표자 명단 가운데 두 명의 최다 득표자들을 대상으로 부대통령을 선출한다. 이 목적을 위한 정족수는 전체 상원 의원의 2/3 이상이며, (부통령을) 선택하는 데에는 전체 의원수의 과반을 필요로 한다. 단, 헌법상 대통령직에 결격사유가 있는 자는 부통령직에도 결격이 된다.

수정 제13조 [1865년 12월 18일 비준]

제1절

노예 또는 비자발적 노역은 당사자가 적법하게 유죄선고를 받은 범죄에 대한 처벌이 아닌 한 합중국 또는 그 사법권이 미치는 어떠한 장소에서도 존재할 수 없다.

제2절

(합중국) 의회는 적절한 법률제정을 통하여 본 조를 실행할 권한을 갖는다.

수정 제14조 [1868년 7월 28일 비준]

제1절

합중국에서 태어났거나 귀화한 사람, 합중국의 관할권에 속하는 모든 사람은 합중국의 시민이고 그 사람이 거주하는 주의 시민이다. 주는 합중국 시민의 특권과 면책권을 제약하는 법률을 제정하거나 집행할 수 없다. 또한 주는 정당한 법 절차를 거치지 않고 시민의 생명, 자유, 또는 재산을 박탈할 수 없으며, 그 사법권 관할권 안에 있는 누구에게도 법의 평등한 보호를 거부할 수 없다.

제2절

각 주는 과세대상이 아닌 인디언을 제외하고 산정된 전체 인구수에 따라서 하원 의원을 할당받는다. 다만, 21세 이상의 남성 시민권자로서 반란이나 다른 범죄에 가담하지 않았음에도 합중국 대통령 및 부통령의 선거인, 의회의 의원들, 특정 주의 행정 및 사법 관료 또는 해당 주의 입법부 구성원에 대한 투표권이 거부되거나 제약을 받게 된다면 해당 주가 갖게 될 대표권의 토대는 해당 주 21세 이상 남성 시민권자 전체의 숫자에 대비하여 그러한 남성 시민권자의 숫자의 비율만큼 축소된다.

제3절

(합중국) 의회의 성원이나 관리로서, 또는 특정 주 입법부의 구성원 또는 행정부나 사법부의 관리로서 합중국 헌법을 지지할 것을 서약했던 바 있으나 후일 그에 반하여 폭동이나 반란에 가담하였거나 그 적들에게 원조와 편의를 제공하였던 바가 있는 사람은 합중국 산하에서 상원 또는 하원 의원 또는 대통령과 부통령의 선거인 또는 군인 또는 관료로서 봉직할 수 없다. 다만, 의회는 각 원에서 3분의 2의 찬성에 의하여 (그러한 자격박탈을) 복권시킬 수 있다.

제4절

폭동과 반란 진압을 위한 복무에 대하여 지급되는 연금과 보상금을 포함한 합중국의 공적 부채는 법률에 의거하여 그 유효성에 대한 의문을 가질 수 없다. 그러나 합중국에 대한 폭동 또는 반란을 원조함으로써 발생한 일체의 부채와 의무 또는 노예의 손실과 해방 대한 손해청구 등은 합중국 혹은 어떠한 주도 인수하거나 지불하지 않는다. 이와 같은 부채와 의무와 청구는 모두 불법이자 무효이다.

제5절

(합중국) 의회는 적절한 법률제정을 통하여 본 조의 조항들을 실행할 권한을 갖는다.

수정 제15조 [1870년 3월 30일 비준]

제1절

합중국 시민의 투표권은 인종, 피부색 또는 과거의 예속상태의 이유로 합중국 또는 주로부터 거부 또는 제약당할 수 없다.

제2절

(합중국) 의회는 적절한 법률제정을 통하여 본 조(수정 제15조/역주)를 실행할 권한을 갖는다.

수정 제16조 [1913년 2월 25일 비준]

의회는 (납세자의) 수입원에 관계없이, 각 주와의 배분 없이 그리고 인구통계와 관계없이 소득세를 부과하고 징수할 권한을 갖는다.

수정 제17조 [1913년 5월 31일 비준]

제1절

합중국 상원은 각 주에서 2명씩 선출된 의원으로 구성된다. (그들은) 해당 주의 주민이 선출하고 임기는 6년이다. 상원 의원은 각각 1개의 투표권을 가진다. 각 주의 선거인은 해당 주의 입법부에서 의원수가 가장 많은 원의 의원을 선출하는 선거인에게 요구되는 자격 요건을 구비해야 한다.

제2절

특정 주 (연방) 상원 의원의 결원이 발생하였을 때 해당 주의 행정당국은 보궐선거를 치러 결원을 충원한다. 해당 주의 입법부의 책임 하에 선거에 의해 그 결원이 채워질 때까지는 해당 주의 주 입법부는 해당 주의 행정부에 임시로 (결석된 자리를) 임명할 권한을 줄 수 있다.

제3절

본 조항은 헌법의 일부로서 효력을 발생하기 전까지는 선출된 상원 의원의 선거 또는 임기에 영향을 주는 것으로 해석될 수 없다.

수정 제18조 [1919년 1월 29일 비준, 수정 제21조로 폐기]

제1절

본 조의 수정 내용이 비준된 날로부터 1년을 경과한 후부터 연방정부 관할에 속하는 모든 지역에서 음용할 목적으로 주류를 양조, 판매 또는 운송하는 행위와 수입 및 수출하는 행위를 금지한다.

제2절

연방 의회와 주 정부는 적절한 법률을 제정하여 본 조의 규정을 시행할 권한을 가진다.

제3절

본 조는 연방 의회가 이 수정 내용을 각 주에 회부한 날부터 7년 이내에 각 주의 주 의회가 헌법에 규정된 바와 같이 헌법 수정으로서 비준하지 않으면 그 효력을 발생하지 못한다.

수정 제19조 [1920년 8월 26일 비준]

제1절

합중국 시민의 투표권은 성별을 이유로 합중국 또는 각 주로부터 거부 또는 제약당할 수 없다.

제2절

(합중국) 의회는 적절한 법률제정을 통하여 본 조(수정 제19조/역주)를 실행할 권한을 갖는다.

수정 제20조 [1933년 2월 6일 비준]

제1절

대통령과 부통령의 임기는, 본 조항이 비준되지 않을 경우, 임기가 만료하는 해의 1월 20일 정오에 끝난다. 그리고 연방 의원의 임기 역시 본 조가 비준되지 않을 경우 임기가 만료되기로 하는 해의 1월 3일에 종료된다. 후임자의 임기는 그 시점부터 시작된다.

제2절

(합중국) 의회는 1년에 적어도 1회 소집되며, 그 회의는 법률에 의하여 다른 날로 정해지지 않는다면, 1월 3일 정오에 시작된다.

제3절

대통령의 임기가 개시되는 시각으로 정해 놓은 시각에 대통령 당선인이 사망하면 부통령 당선자가 대통령직을 맡는다. 대통령 임기 개시 시각까지 대통령이 선출되지 못했거나 정되지 않았거나 대통령 당선인이 (대통령의) 자격을 충족시키는 데 실패했다면, 대통령이 자격을 갖출 때까지 부통령 당선인이 대통령의 직무를 대행한다. 의회는 대통령 당선자와 부통령 당선자가 모두 자격을 갖추지 못하는 경우에 대비해서 법률에 의거하여 대통령 직무대행자를 선포하거나 대통령 직무대행자의 선출방식을 선포할 수 있으며, 이에 따라 그 사람은 대통령 혹은 부통령이 자격을 충족시킬 때까지 대통령의 직무를 대행한다.

제4절

의회는 하원이 대통령 지명권을 보유하고 있는 동안 그 (지명) 대상자들 가운데 사망자가 발생한 경우, 그리고 상원이 부통령 지명권을 보유하고 있는 동안 그 (지명) 대상자들 가운데 사망자가 발생한 경우에 대비하여 법률을 제정할 수 있다.

제5절

제1절 및 제2절은 본 조가 비준된 다음으로 맞이하는 10월 15일부터 효력을 발생한다.

제6절

본 조항은 의회가 (본 조항을) 각 주에 회부한 날부터 7년 이내에 전체 주의 4분의 3에 해당하는 주 의회가 수정헌법으로 비준하지 않으면 효력을 발생하지 못한다.

수정 제21조 [1933년 12월 5일 비준]

제1절

합중국 헌법 수정 제18조는 이로써 폐기한다.

제2절

(주류의) 배달과 소비를 위하여 관련법규를 위반하여 합중국 내의 각 주, 영토 또는 소유지로 주류를 운송하고 수입하는 행위를 금지한다.

제3절

본 조는 (합중국) 의회가 헌법에 따라서 (이 조항을) 각 주에 회부한 날로부터 7년 이내에 각 주의 (헌법 비준/역주) 회의에서 수정헌법으로 비준받지 못하면 효력을 발생하지 못한다.

수정 제22조 [1951년 2월 26일 비준]

제1절

누구도 2회보다 더 많이 대통령에 선출될 수 없으며, 다른 사람이 대통령으로 선출된 임기 중에 2년 이상을 대통령에 재직한 바 있었거나 대통령 직무대행을 했던 자는 1회만 더 선출될 수 있다. 그러나 본 조항은 의회가 본 조항을 발의하는 시점의 현직 대통령에게는 적용되지 않으며, 이 조항이 효력을 발생하는 시점에 대통령직에 있거나 대통령 직무를 대행하고 있는 사람이 남은 임기 동안 대통령직을 유지하는 것을 저지하지 못한다.

제2절

본 조항은 의회가 (본 조항을) 각 주에 회부한 날부터 7년 이내에 전체 주의 4분의 3에 해당하는 주 의회가 수정헌법으로 비준하지 않으면 효력을 발생하지 못한다.

수정 제23조 [1961년 4월 3일 비준]

제1절

1항 합중국 정부의 소재지인 특별구는 의회가 지정하는 방식에 따라 (대통령 및 부통령의 선거인을) 임명한다.

2항 선거인의 수는 이 특별구가 주일 경우 (특별구가) 의회에서 할당받을 수 있는 상원 및 하원 의원 수와 같다. 그러나 어떤 경우에도 인구가 가장 적은 주보다 더 많은 의원을 배당받을 수 없다. 이들은 각 주에서 선출된 선거인들에 추가되며, 이들을 대통령 및 부통령의 선거를 위하여 주에서 선정한 선거인과 동일한 자격과 권한을 갖는다. 그들은 이 특별구에서 모임을 가지고 수정헌법 제12조에서 규정하는 직무를 수행한다.

제2절

(합중국) 의회는 적절한 법률제정을 통하여 본 조(수정 제23조/역주)를 실행할 권한을 갖는다.

수정 제24조 [1964년 1월 23일 비준]

제1절

대통령 및 부통령 선출을 위한, 대통령 및 부통령 선출을 위한 선거인을 선출하기 위한, 또는 상원 의원이나 하원 의원을 선출하기 위한 모든 예비선거 또는 기타 선거에 있어서 합중국 시민의 투표권은 (투표권자가/역주) 주민세 또는 다른 세금을 미납했다는 이유로 합중국 또는 각 주로부터 거부 또는 제약당할 수 없다.

제2절

(합중국) 의회는 적절한 법률제정을 통하여 본 조(수정 제24조/역주)를 실행할 권한을 갖는다.

수정 제25조 [1967년 2월 10일 비준]

제1절

대통령이 면직·사망·사임 시 부통령이 대통령직을 승계한다.

제2절

부통령이 결석되었을 때 대통령이 부통령을 지명하여 의회 양원 과반수의 인준에 따라 취임한다.

제3절

대통령이 상원의 임시 의장과 하원 의장에게, 대통령의 권한과 임무를 수행할 수 없다고 선언하는 문서를 송부할 경우, 대통령이 그것과 반대되는 내용의 문서를 송부하는 시점까지 그 권한과 임무는 부통령이 대통령 직무대행으로서 이행한다.

제4절

1항 부통령, 그리고 의회가 법률로 정한 행정부처 수장의 과반수가 상원의 임시 의장과 하원 의장에게 대통령이 대통령으로서의 권한과 임무를 수행할 수 없다고 선언하는 문서를 송부할 경우 부통령은 대통령 직무대행으로서 대통령의 권한과 의무를 즉각 대행한다.

행정부 각 부 또는 연방 의회가 법률로 정한 기타 기관의 장관들 다수가 상원의 임시 의장과 하원 의장에게, 대통령이 대통령으로서의 권한과 임무를 수행할 수 없다는 내용을 적은 공한을 보낼 경우에는 부통령이 즉시 대통령의 권한과 임무를 대행한다. 그러나 부통령 그리고 행정부 각 부 또는 연방 의회가 법률로 정한 기타 기관의 장관들이 4일 이내에 다시 공한을 보낼 경우, 연방 의회는 비회기중이라 할지라도 48시간 이내에 소집하여 그 문제를 해결해야 한다. 연방 의회가 후자의 공한을 수령한 후 21일 이내에 또는 비회기중이라도 연방 의회가 소집 요구를 받은 후 21일 이내에 양원의 3분의 2의 표결로써 대통령이 대통령으로서의 권한과 임무를 수행할 수 없다는 것을 결의할 경우에는 부통령이 권한대행으로서 대통령의 권한과 임무를 수행한다. 다만, 그렇지 않은 경우에는 대통령이 그의 직의 권한과 임무를 다시 수행한다.

2항 그 후 대통령이 상원의 임시 의장과 하원 의장에게 직무 수행 불능 사유가 없음을 문서로 선언하면 그로부터 4일 이내에 부통령, 그리고 의회가 법률로 정한 행정부처 수장의 과반수가 상원의 임시 의장과 하원 의장에게 대통령이 대통령으로서의 권한과 임무를 수행할 수 없다고 선언하는 문서를 송부하지 않는 한 대통령은 자신의 권한과 임무를 재개한다. 만일 그러한 문서가 송부되었다면 의회는 회기 중이 아니라 하더라도 48시간 안에 소집하여 그 문제를 결정해야 한다. 의회는 해당 편지의 접수 후 21일 안에 또는, 회기 중이 아닌 경우에는, 의회가 소집을 요구한 후 21일 이내에, 양원 3분의 2의 투표에 의하여 대통령이 그의 권한과 임무를 수행할 수 없다고 결의하면 부통령이 대통령 직무대행으로서 그 권한과 직무를 수행한다. 그렇지 않은 경우 대통령이 다시 그의 권한과 임무를 재개한다.

수정 제26조 [1971년 7월 1일 비준]

제1절

나이가 18세 또는 그 이상인 합중국 시민의 투표권은 나이를 이유로 합중국 또는 각 주로부터 거부 또는 제약당할 수 없다.

제2절

(합중국) 의회는 적절한 법률제정을 통하여 본 조(수정 제26조/역주)를 실행할 권한을 갖는다.

수정 제27조 (의원 세비 인상) [1992년 5월 7일 비준]

상원 의원과 하원 의원의 세비 변경에 관한 법률은 (제정된 후/역주) 한 번의 하원 선거를 거치기 전까지는 효력을 발생하지 않는다.

※ 이 번역의 영어 원문은 Ray Raphael이 편찬한 합중국헌법 주해서 *The US Constitution: Explained-Clause by Clause-For Every American Today*의 것을 사용하였고 기존의 여러 번역본을 비교, 검토하여 수정 및 보완하였습니다. - 편역자 주

미국사 번역의 난점과 이 책의 성과

Governor는 주지사다. governor의 고유한 사전적 의미는 선출 또는 임명받은 최고책임자를 뜻하는데, 미국에 와서 뜬금없이 주지사(state + chief executive)라는 직책명이 되었다.

Governor라는 직책은 미국에서 주state라는 것이 생겨나기 전에도 있었다. 독립을 선언하기 전 13개의 식민지colony에는 영국에서 국왕이 파견한 최고책임자가 있었는데, 그들을 governor라고 불렀다. 말하자면, 일제 식민지 시대의 데라구찌와 같은 포지션인데, 그래서 미국의 식민지 시대에 13개 식민지의 chief administrator인 governor를 "총독"이라고 옮긴다.

Governor는 메이플라워호 시절에도 있었다. 1620년 청교도를 포함한 102명의 이민자들이 메이플라워호를 타고 플리머스에 도착했다. 이들은 혹독한 겨울을 지나면서 절반 이상이 첫해에 사망하고 50여 명이 남았다. 이 사람들끼리 지도자를 뽑았다. 그때 선출된 지도자의 직함도 governor였다.

한국의 기라성 같은 미국사학자들이 협업으로 번역 출간한 『있는 그대로의 미국사』라는 역사서가 있다. 이에 따르면 "플리머스가 런던 회사 영역 밖에 있었기 때문에 정착민은 회사의 규정에 복종할 필요가 없었다"고 한다. 본국과의 끈도 없고 주민은 겨우 50명 정도인데도 이 책에서는 필그림의 지도자를 "총독"이라고 옮겼다. 플리머스 정착지는 정교분리가 되지 않은 사회였지만 주민수가 적었기 때문에 그 지도자는 권위주의적 권력을 행사했다기보다는 반상회와 같은 분위기 속에서 마을회의의 사회자로서 각 가정의 애로사항을 듣고 건의사항을 처리했을 가능성이 농후하다. 그런 사람을 "총독"이라고? 그냥 주민대표 정도가 적당할 듯.

지금은 50개 주가 공히 행정수반을 governor라고 표기하지만 아메리카 혁명기에는 state에 따라서 president라고 불리는 곳도 있었다. 조지형 교수가 쓴 『미국헌법의 탄생』에는 독립전쟁 이후 헌법 제정할 때까지 original 13개 state에 설치되어 있던 의회와 최고지도자의 명칭을 테이블로 정리해 두었다. 이 책을 번역하는 데 굉장히 유용한 자료였다. 감사드린다. 자료에 의하면 뉴햄프셔, 펜실베이니아, 뉴저지, 델라웨어에서 governor에 해당하는 자리에 president라고 호칭했다. 연방의 대통령과 state의 president가 같은 단어로 사용된 경우인데, 조지형 교수는 state에서는 president든 governor든 모두 최고행정관으로 통칭함으로써 연방 대통령과 구분을 주었다 합리적인 방법이라 여겨져 이 책에서도 받아들였다. (합중국 연합) 회원국state의 president는 최고행정관, 연방union의 president는 대통령. 연방정부 수립 이후 모든 주의 최고행정관은 주지사governor라는 타이틀로 통일되었지만 그 이전 시기인 연합정부 시절에는 13개국이 나라마다 같지 않았다는 얘기다.

종합하면, 미국에서 'governor'라는 동일한 직함은 시대에 따라 그 직능이 주민대표-총독-최고행정관-주지사로 발전해 왔다. 같은 단어, 같은 표현이라도 시대와 상황에 따라 그 개념이 달라지기 때문에 그것을 반영해 주는 일이 번역가의 역할 중에 하나다. 기계적 '직역'은 연구와 성찰이 없는 번역이다.

Governor가 시대에 따라 다른 위상을 갖고 다르게 번역되어야 했듯이 아메리카 대륙에게 있어서 격동의 시기였던 18세기에는 번역 작업에 난관이 도처에 도사리고 있었다. 아무래도 아메리카라는 땅덩어리가 짧은 시기에 식민지에서 독립국가로, 그리고 개별국가들의 연합에서 연방국가로 변모하는 시기였기 때문에 이에 수반하는 용어들도 많은 변화를 겪을 수밖에 없었다. 이 와중에 번역자를 제일 난처하게 만드는 용어가 'state'였다.

한마디로 state는 colony가 독립선언을 하면서 변경된 표현이다. 13개의 식민지 대표들이 대륙회의continental congress라는 모임을 갖고 연합헌장Article of Confederation이라는 합의문을 만들고, 그 합의문의 명의 주체를 the UNITED STATES OF AMERICA라고 이름을 붙였고, 거기에 서명하였던 13개 식민지는 그때부터 state라는 타이틀을 사용하였다. State들이 합쳐졌으니 'United States'가 된 것이다.

한국인의 관념 속에 (미국의) state는 경기도, 충청도처럼 '도'와 같은 뉘앙스를 갖는다. 그러나 state의 사전적 의미는 국가이다. 당시에 colony를 state라고 칭했던 것은 영토와 여러 국가 기능에 있어서 state로서의 조건을 거의 갖춘 상태에서 명실상부하고 독립적인 state임을 주장하기 위한 선언이었던 것이다.

이 13개의 colony들은 상호 동등한 관계로서 각자 화폐도 따로 발행했고, 독자적 징세권과 외교권도 가지고 있었으며 각자의 의회/정부도 따로 갖고 있었다. 영국이라는 적을 공통으로 갖고 있었다는 것뿐, 법적, 제도적, 지리적으로 서로 다른 나라들이었다. 영국제국의 식민통치에서만 벗어나면 그 자체로 독립적인 주권국들이었다. 공히 스페인의 식민지였던 남아메리카 대륙의 제국들과 유사한 관계였다.

그런 독자적 정부를 가진 colony-state들이 영국이라는 주적을 물리치겠다는 단일한 목적으로 느슨하게 연대했던 체제, 그것이 바로 식민지 대표들이 모여서 합의한 연합헌장 체제하의 The United States of America였다. 독립과 건국 이전의 The United States of America는 수많은 국가들이 힘을 합해 만든 오늘날의 United Nations처럼 영토도 징세권도 없었던, 그래서 회원국에 해당하는 13개 state들이 갑의 위치에 있었던, 그런 정치결사였다.

초창기 미국사 번역의 어려움이 바로 여기서 나타난다. 1776년부터 1789년까지 13년간, 즉 state가 각

각의 주권을 가진 국가였을 때의 New Hampshire, New York, Connecticut, Massachusetts, New Jersey, Pennsylvania, Delaware, Virginia, Maryland, North Carolina, Rhode Island, South Carolina, Georgia를 지금처럼 주(州)라고 옮긴다면 주민대표를 총독이라고 번역하는 것과 같은 오류가 된다. 미국사에서 state란 헌법 제정 이전과 이후로 같은 단어로 사용되지만 그 의미와 위상은 크게 달라진 대표적 용어로서, 그 변화된 차이가 반영될 수 있도록 번역해야 하는 것이다.

한국에서는 state를 주(州)라고 표기하며, 이때 사용된 주(州)의 원래 의미는 고을 또는 지방 행정구역의 하나이다. 아마도 이러한 맥락에서 펜실베이니아 주, 뉴욕주, 조지아주 등등으로 표기하고 있지만 독립전쟁 시기에는 그런 의미의 '주'가 아니라 각각의 주권국들이었기 때문에 일부 미국사 전문학자들은 '나라'라는 표현을 쓰는 것을 보았다. 뉴욕나라, 조지아나라 등등. 그런데 확실히 어색하다. 해서 나의 제안인데, 이 당시의 state는 국(國)으로 표기해 주는 것이 표기에 덜 어색하고 개념전달에 더 정확하다는 생각이 들었다. 버지니아국 vs. 버지니아주, 뉴욕국 vs. 뉴욕주, 매사추세츠국 vs. 매사추세츠주, etc. 이들 모두 아메리카(대륙)에 위치해 있으므로 필요에 따라서 전체를 통칭할 때는 "아메리카의 각국은 또는 아메리카의 각 나라들은…"이라고 사용하면 될 것 같다. 마치 UN의 회원국처럼 이들을 연합헌장 체제(1776-1787)하에서 "연합confederation"의 "회원국"으로 바라보는 관점이다.

1787년 헌법 제정을 통해 state의 위상이 국(國)에서 주(州)로 변경된 것처럼 The United States of America 역시 위상이 크게 달라진다. 이전에는 서류상의 체제였으나 이제는 북아메리카 대륙 전체를 영토로 삼게 되었다는 점. 징세권과 외교권을 갖게 됨으로써, 아메리카의 각국으로부터 재정을 갹출받아 유지했던 을의 위치에서 갑의 위치, 즉, 상위의 위치가 되었다는 점이다.

The United States of America는 통상 미합중국이라고 번역되어 사용되었기 때문에 관습으로 굳어진 이 용어를 고칠 수는 없지만 필요에 따라서 연합헌장 체제의 미합중국인지, 헌법 체제의 미합중국인지는 표시할 수 있는 방법도 때에 따라 필요했다. 해서, 이런 방식을 고안해 보았다.

바로 이것이다: 미합중국 (연합) vs. 미합중국 (연방)

혼용되기도 하지만 구분이 필요한 용어들이 또 있다. 가령, America vs. The United States of America이다. 지금은 이 두 단어를 같은 의미로 혼용하는 경우가 흔하지만, 미합중국이 성립되기 전까지 America는 그냥 땅 이름에 불과했다. 땅과 나라를 혼동하면 안 된다고 보았다. 미합중국 성립 이전의 America는 아메리카라는 대륙의 이름일 뿐, '미국'이 아니다. 그러므로 American, 다시 말해 그 당시 그곳에 살던 사람들도 미국인이라 표현하지 않고 아메리카인이라고 옮기는 것이 옳다고 생각했다. 지금은 American이라는 표현으로 미국인 그리고 아메리카 대륙에 사는 사람들 모두를 묘사할 수 있지만

America라는 지명은 있었으나 America라는 나라는 존재하지 않았던 그 시절에는 그 둘은 구분되어야 했고, 이 책에선 그 구분을 적용했다.

이 책을 번역하며 자주 부딪쳤던 용어들 몇 가지를 정리해 보았다. 기초적이지만 (제대로 하려니) 결코 쉽지 않았던 이 책을 번역하며 얻어진 최대의 성과이다. 해당 학계에서 내놓은 가이드라인이 없어서 이 글을 통해 제안해 본다. 미국사 초창기는 비교적 짧은 기간 동안 일어난 격변의 시기였기 때문에 그 시기를 묘사하던 용어들의 개념도 당연히 격변을 겪을 수밖에 없었다. 그것들을 정리하고 변별하는 일이 이 책을 번역하는 데 있어서 가장 어려운 일이었다. 물론 모든 정리가 여기서 끝난 것이 아니기 때문에 미국과 미국사를 좀 더 깊이 공부하고 싶으신 분들을 위하여 추후 정리가 필요한 용어와 명칭들의 리스트를 만들어 보았다. 함께 공부할 기회가 있기를 바란다.

1. America vs. The USA

2. United States of America 미합중국 (연합) vs. 미합중국 (연방)

3. Colony-State-Confederation-Union

4. United Colonies-United States

5. Article of Confederation-Constitution

6. The 1st Continental Congress-The 2nd Continental Congress

7. Continental Congress-Continental Army

8. Patriots-Royalists or Tories

9. The Declaration of Independence-The Constitution

10. Signers-Framers

11. Constitution-Bill of Rights

12. Congress before & after the US Constitution

건국의 아버지들 생몰 연대표

Year of Birth	Name & Date of Birth	Year of Death	Name & Age at Death
1706	Benjamin Franklin (Jan. 17)	1790	Benjamin Franklin (84)
1721	Roger Sherman (Apr. 19)		William Livingston (67)
1722	Samuel Adams (Sept. 27)	1791	Benjamin Harrison (65)
1723	William Livingston (Nov. 30)	1792	George Mason (67)
1725	George Mason (Dec. 11)	1793	Roger Sherman (72)
1726	Benjamin Harrison (Apr. 5)		John Hancock (56)
1727	William Johnson (Oct. 7)	1794	Richard Henry Lee (62)
1732	Richard Henry Lee (Jan. 20)	1798	James Wilson (56)
	George Washington (Feb. 22)		George Read (65)
	John Dickinson (Nov. 8)	1799	Patrick Henry (63)
1733	George Read (Sept. 18)		George Washington (67)
1734	Robert Morris (Jan. 31)	1800	Thomas Mifflin (56)
	Thomas Mc Keen (Mar. 19)		John Rutledge (61)
1735	John Adams (Oct. 30)	1803	Samuel Adams (81)
1736	Packrick Henry (May. 29)	1804	Alexander Hamilton (49)
1737	John Hancock (Jan. 23)	1806	Robert Morris (72)
	Charles Carroll (Sept. 20)	1808	John Dickinson (76)
1739	George Clymer (Mar. 16)	1811	Samuel Chase (70)
	John Rutledge (Sept. 17)	1813	George Clymer (74)
1741	John Langdon (Jun. 25)		Benjamin Rush (68)
	Samuel Chase (Apr. 17)		Edward Randolph (60)
1742	James Wilson (Sept. 14)	1814	Elbridge Gerry (70)
1743	Thomas Jefferson (Apr. 13)	1816	Gouverneur Morris (64)
1744	Thomas Mifflin (Jan. 10)	1817	Thomas Mc Keen (83)
	Elbridge Gerry (Jul. 17)	1819	John Langdon (78)
1745	John Jay (Dec. 12)		William Johnson (92)
	Benjamin Rush (Dec. 24)	1824	Charles Pinckney (67)
1746	Charles Cotesworth Pinckney (Feb. 25)	1825	Charles Cotesworth Pinckney (79)
1751	James Madison (Mar. 16)	**July 4 1826**	Thomas Jefferson (83)
1752	Gouverneur Morris (Jan. 31)		John Adams (91)
1753	Edmund Randolph (Aug. 10)	1827	Rufus King (72)
1755	Alexander Hamilton (Jan. 11)	1829	John Jay (84)
	John Marshall (Sept. 14)	1832	Charles Carroll (95)
	Rufus King (Mar. 24)	1835	John Marshall (80)
1757	Charles Pinckney (Oct. 26)	1836	James Madison (85)

George Wastington at Washington Memorial, Washington DC. (사진 이종권)

주한미국 대사관에게 바란다

미국이 다른 나라와 다른 점은 한 사람의 영웅이 만든 나라가 아니라는 점이다. 같은 시대에 사회 각 계각층에서 등장한 출중한 인물들이 뜻을 모아 세계 역사상 최초의 민주공화국을 만들었다. 그 주인공들을 우리는 건국의 아버지들이라고 부른다.

건국의 아버지들이라는 공식적인 리스트가 있는 것이 아니어서 보는 관점에 따라 거기에 포함되는 인물들의 구성이 조금씩 차이가 나기는 하지만 대체로 독립선언문과 헌법에 서명했던 분들, 그리고 심지어는 그 문서들에 반대를 표명했던 분들도 포함된다. 그 이유가 애국적이고 그 역할에 공헌이 인정되어 그 명단의 상당히 높은 자리에 올라 있는 분들도 여럿이다.

미국의 건국역사를 자세히 들여다보면 한국인의 입장에서 참조할 점이 상당히 많다. 가령 이런 거다. 미국은 13개의 식민지들이 그 기반인데, 독립전쟁에서 승리한 후 합중국 헌법이 제정되어 단일한 연방 체제를 만들어 낼 때까지는 그것들이 각각의 통치 체제를 갖고 있던 독립적인 국가들이었다. 오늘날 남미의 여러 나라들처럼 서로 다른 국가로 고착화될 수 있었던 상황이었다. 한반도는 해방 후 하나의 민족국가가 둘로 나뉘어 분단국가로 살고 있는데 그들은 13개를 하나로 통합했다. 그들은 해냈지만 우리는 실패했던 그 이유는 무엇일까? 이러한 점들을 반추하며 미합중국 건국사를 공부한다면 대한민국의 발전과 통일을 위해서도 커다란 도움이 된다.

건국의 아버지들이 뜻을 세우고 제일 먼저 했던 일은 독립선언문 작성이었다. 선언문은 토마스 제퍼슨을 포함한 다섯 명의 초안작성위원회가 작성했지만 그 최종본은 아메리카 식민지 오십여 대표들이 격렬한 토의를 거쳐 완성되었다. 미국의 독립과 건국의 과정은 순탄하고 순조롭게 진행되었던 것 같지만 사실은 수많은 논쟁과 갈등과 위기가 있었다. 그러다 보니 제퍼슨이 작성했던 초안도 상당 부분 수정되고 삭제된 흔적이 남아 있다.

미합중국은 토론과 문서로 만들어진 나라다. 독립선언문 이전에도 건국의 아버지들은 여러 문서를 통해서 그들의 입장을 모으고 표명한 바 있었지만 그중에도 하이라이트는 독립선언문이다. 건국의 아버지들이 여기서 표명한 대의를 구현하고자 식민지 아메리카인들은 생명과 재산과 명예를 걸었다. 그저 그렇고 그런 수많은 역사 문서들 가운데 하나가 아니라 미국의 영혼이 담겨 있는 문서이다. 과거가 아니라 현재와 미래를 규정하는 지침이다. 그래서 지금도 워싱턴 국립문서박물관의 가장 높은 곳에서 소중하게 보관, 전시되고 있다.

주한미국대사관 홈페이지에도 미국독립선언문의 한글번역이 게시되어 있다. 당연한 일이다. 국가의 정신을 주재국에서 널리 선양하는 것이 바로 해외공관의 역할이 아닌가. 헌데 이것이 오역으로 얼룩져 있을 뿐 아니라 본문의 거의 절반이 생략되어 있다. 생선도 아닌데 토막을 쳐서 날려 먹은 것이다.

재외공관의 기본업무는 국위선양이다. 그런데 한국에 나간 미합중국 대사관은 자국의 영혼을 훼손하고 그것을 수십 년간 방치하고 있다. 이것이 오늘날 미국독립선언문이 한국에서 겪고 있는 처우이다.

나는 수년의 연구 끝에 올해 책을 한 권 냈다. 제목은 『이것이 미국독립선언문이다』 난해한 것으로 유명한 독립선언문을 해독과 낭독이 가능한 현대한국어로 번역한 후 원본 텍스트의 모든 문장에 해설을 달았다. 주경야독의 고된 세월이었으나 보람이 있었다. 나 스스로 미국시민권자로서 미합중국에 대한 이해와 존경심을 갖게 되었기 때문이다.

미국독립선언문을 올바로 공유할 때 미국에 돌아올 수 있는 이익은 한량없이 크다. 그 이익을 주한미국대사관은 수십 년째 발로 걷어차고 있다. 한국에서 심각한 이념갈등과 반미감정도 이것으로 치유할 수 있다. 그런데 주한미국대사관은 아무것도 안 하고 있다.

내 것을 갖다 쓰라고 책까지 만들어 보냈는데 꿩 구워 먹은 소식이다. 아무리 공무원들이래도 너무한다. 이렇게까지 떠먹여 드리는데 복지부동이다. 한국을 무시하나? 하는 생각도 든다. 그럴 리는 없는데 그렇게 보일 수밖에 없는 처사이다. 더욱 심각한 것은 자국을 욕보이고 있다는 점이다. 이게 바로 미국의 혼 아니냐. 독립선언문을 훼손하는 주한미국대사관. 이걸 보면 건국의 아버지들이 뭐라고 하실까? 그분들 덕분에 나랏밥 먹고사는 공직자들이.

한국인들이 미국을 이해하고 성원할 수 있도록 주한미국대사관에서 도와줬으면 좋겠다. 천부인권과 자유민주주의의 정수를 느낄 수 있는 온전한 미국독립선언문 한글버전, 부탁한다.

※ 이 글은 2022년 12월부터 2023년 1월에 거쳐 워싱턴, 뉴욕, LA 미주한국일보, 아틀랜타 뉴스 앤 포스트, 샌프란시스코 현대뉴스USA, 플로리다 코리아, 그리고 코리안 라스베가스 타임즈에 게재되었던 칼럼입니다.

다시 주한미국 대사관에게 바란다

내가 미국을 사랑하는 까닭 가운데 하나는 만인에게 동등하게 언론과 표현의 자유를 보장하기 때문이고 또한 정부에 대하여 원하는 바가 있다면 청원의 권리가 있기 때문이다. 바로 이 헌법상의 권리에 입각하여 나는 주한미국대사관의 홈페이지에 미합중국의 근본이자 국보 중의 국보인 독립선언문이 훼손되어 있다는 사실을 발견하고 바로잡아 줄 것을 요청한 바가 있었다. 그리고 엊그제 주한미국대사관 홈페이지에 다시 들어갔다가 소스라치게 놀라고 말았다. 오역이나마 반쪽이라도 있었던 것마저 지우고 해당 페이지를 삭제해 버렸던 것이다.

한국과 미국은 혈맹이다. 생각하면 생각할수록 대한민국에게 있어서 미국이 없었다면 어떻게 되었을지 모골이 송연하다. 그러한 점에서 대한민국은 한국전쟁에서 전몰한 3만 7천 미국인 참전용사들 뿐만 아니라 참전을 결정했던 미합중국 정부, 그리고 그 결정으로 온갖 불편과 고통을 겪었을 수많은 미국 시민들에 대하여 아무리 감사해도 부족함이 없을 빚을 지고 있다 해도 과언이 아니라고 생각한다.

그럼에도 참 이상한 것은, 한국 사회에 팽배한 반미감정이다. 한국에서 보도되는 미국 관련 뉴스에 달린 일반 시민들의 댓글을 훑어보면 놀라울 정도이다. 세계 10대 경제대국이 되었다는 오늘날이지만 아무리 부정하려 해도 미국이 아니었다면 존재조차 어려웠을 나라에서 왜 이런 현상이 일어나고 있는 것일까?

아프가니스탄에서 미국은 수십 년간 천문학적인 무기와 예산을 쏟아붓고도 결국은 야반도주하듯 철수했던 적이 있다. 술 사주고 뺨 맞는다는 속담이 있다. 미국이, 아니 현지에 주둔했던 미군의 행실이 아무리 안 좋았다손 치더라도 탈레반에 비할 일은 아닌데, 미국민의 혈세를 그렇게 쏟아붓고도 어이없는 결과를 맞게 된 데에는 미국 스스로도 잘못한 것은 없었는지 생각해 봐야 한다.

주한미국대사관 홈페이지는 한국에서 미국이 보여주고 싶은 미국의 모습이다. 얼마나 진심과 성의를 가지고 자국을 대표하고 있는지는 홈페이지를 보면 알 수 있다. 그러한 관점에서 주한미국대사관 홈페이지는 화려한 이력을 갖고 있다. 해당 페이지에 제3대 대통령인 토마스 제퍼슨과 제4대 대통령인 제임스 메디슨의 초상화가 바뀌어 있어서 내가 직접 미대사관 페이스북 메신저를 통해 귀띔해 주었던 적이 있었다. 알려 줘서 고맙다는 메시지를 받았고 그다음 날로 수정이 되었다. 작은 기여를 할 수가 있어서 기분이 좋았다. 기록도 다 갖고 있다.

독립선언문을 번역하던 시절 혹시라도 참조가 될까 해서 온라인 주한미국대사관에 들어갔다가 차마 못 볼 것을 보았다. 원문의 가운데 반토막을 날려먹은 독립선언문이었다. 열심히 분발하여 완역에 성공했고, 이와 같은 사실을 간접적으로나마 내 저서를 통해 주한미국대사관에 알리며 언론을 통해 개선해 줄 것을 청원했다. 그 청원에 대한 말없는 답변은 주한미국대사관 홈페이지로부터 독립선언문의 완전한 삭제였다.

미국은 세계에서 가장 강력한 나라이다. 헌데, 주한미국대사관을 통해 드러나는 미합중국의 모습은 쫄보(coward)에 다름 아니다. 12년 전 뉴욕 필하모니가 평양에서 공연을 가졌던 적이 있었다. 명문 오케스트라를 안방에 초대해 놓고 북한은 미국 국가의 한국어 번역이 관례적으로 "성조기여, 영원하라"라고 표기되었던 것을 문제 삼으며 "별 빛나는 깃발"이라고 주장했다. 이에 한국의 일부 언론사들은 북한의 주장을 그대로 받아 보도했고 미국대사관은 "오래전에 이런 번역이 올려졌는데 당시 외부의 번역사들이 일반인이 알고 있는 수준에서 그렇게 표기한 것으로 보인다"며 "수정할지 번역팀과 논의 중"이라며 북한의 도발에 대하여 완벽하게 꼬리를 내렸던 사실이 있다.

자유의 여신상Statue of Liberty의 원문에 여성의 함의가 없음에도 여신상으로 통용이 되는 것처럼 국가national anthem의 외국어 표기는 오랫동안 관례적으로 통용되어 왔고 미국 정부도 묵인해 왔던 이상 평양에서 개최된 공연에서 초청국이 트집 잡을 사안은 아니었다. 그것은 손님에 대한 모욕이었다. 그럼에도 주한 미대사관은 북한의 터무니없는 도발에 굴복했다. 우리는 한국인들이 오랫동안 사용해 왔던 표기법을 존중하며 북조선이 왈가왈부할 문제가 아니라고 받아쳤으면 그만일 것을 북한의 가스라이팅에 완벽히 무릎을 꿇고 말았던 것이다. 미합중국의 한국어 번역 주권을 상실한 순간이었다. 그 이후 주한미국 대사관에서 성조기여 영원하라는 사라졌을 뿐 아니라 국가를 소개하는 페이지마저도 삭제해 버리고 말았다. 그리고 이번에, 독립선언문까지.

이로써 주한미국대사관은 국가정체성을 포기한 재외공관이 되었다. 세계 유일의 슈퍼파워로써 대한민국에서 자국의 국가상징을 스스로 삭제하고 무장해제했던 것이 현재의 주한미국 대사관이다.

미국과 대한민국은 혈맹이라고 했을 때 그것은 단순히 한국전쟁에서 양국이 함께 싸웠기 때문이 아니다. 단지 같이 싸우고 피 흘렸다는 사실로 혈맹이 된다면 동네 깡패도 혈맹이냐. 우리가 혈맹인 것은 대의를 함께했기 때문이다. 자유민주주의의 대의를 대한민국에서 사수하기 위하여 함께 싸웠고, 바로 그 대의가 가장 우아하고 경건하게 표현된 문서가 바로 토마스 제퍼슨의 독립선언문이며, 따라서 이 문서가 바로 한미관계의 시원이자 뿌리이다.

미국이 아프카니스탄에서 시민들에게 최신식 무기를 들려주며 열심히 싸움 기술을 가르치는 장면을 영상을 통해 접한 적이 있다. 미군에게 군사훈련을 받는 아프칸 사람들의 소극적인 모습은 가히 충격적이었다. 패망할 수밖에 없었고 포기할 수밖에 없었다는 것이 수긍이 갔다. 그런데 미국은 그들에게 그들이 왜 싸워야 하는지를 가르쳐 주었을까? 총검술 말고 탈레반에게는 없는 자유와 천부인권을 가르쳐 주었냐고?

영국으로부터 독립을 쟁취한 아메리카 혁명을 되돌아본다. 민병대라는 이름의 오합지졸들이 놀랍게도 세계 최강의 영국군을 무찌르고 항복을 받아냈다. 조지 워싱턴은 전투에 나설 때마다 그의 군대와 함께 독립선언문을 소리 내서 읽었다. 그리고는 작은 전투부터 하나씩 승리하여 결국은 독립을 쟁취했다. 무기도 훈련도 보급도 턱없이 부족했던 아메리카 민병대가 세계 최강의 영국군보다 강했던 점은 무엇이었을까? 바로 자유와 독립에 대한 갈망이었고, 그 갈망을 전투력으로 승화시켰던 기적의 주문이 바로 독립선언문이었다는 사실을 주한미국대사관은 알고 있는지 모르겠다.

미국은 전 세계 유일한 패권국이지만, 군사력으로 세계를 선도하는 나라가 아니(었)다. 건국의 아버지들과 수많은 식민지인들이 생명과 재산과 신성한 명예를 걸고 온몸으로 추구했던 천부인권과 자유를 실현하기 위한 헌신이 오늘의 미국을 만들었다. 그 결의가 바로 독립선언문에 고스란히 담겨 있다. 그러한 독립선언문을 제 손으로 삭제하다니, 그것은 북한과 탈레반조차도 감행하지 못했던 자해행위이다.

나는 미국에 대한 부정적 감성이 한국의 인터넷에 범람하는 것에 미안함과 안쓰러움을 갖고 있다. 이런 대접을 받을 나라가 아닌데 어떻게 이렇게 되었나? 그중에는 철없는 사람들도 있고 간첩도 있을 것이다. 하지만 아프칸에서의 실패에서 웅변하듯, 자업자득은 없었는지 냉철하게 돌아보아야 한다.

내가 보는 관점에서 주한미국대사관은 대한민국에서 스스로 나약하다. 자신감과 자긍심을 잃어버리고 무력감에 빠진 것은 아닌지 의심된다. 홈페이지에서 국가와 독립선언문, 그리고 심지어는 헌법까지도 삭제하다니. 스스로 반미주의자들이 아니라면, 자기 나라가 부끄러운 거라고 인식할 수밖에 없는 상황이다. 스스로가 그러하니 누가 존경을 하겠는가?

독립선언문에 관한 한 미국은 한국에 대하여 엄청난 잘못을 하고 있다. 두 나라를 근본적으로 이어준 근간을 스스로 훼손했다. 건국의 아버지들이 구현했던 그 이상을 먼 나라에서 지켜 주기 위하여 파병까지 해놓고는 이제 와서 그 모든 역사의 토대가 되었던 문서를 스스로 삭제하다니.

동맹이란 것이 대통령끼리 가끔 만나 만찬과 여흥을 즐긴다고 굳건해지는 게 아니다. 그것을 만들어 준 근간을 양국의 대중들과 나누고 익히고 공유하려 노력해야지 임기가 빤한 지도자들이 현직에서 좀 사이좋게 지냈다고 그게 동맹이 아니라니까.

미국은 대한민국에 올바로 된 독립선언문을 제공해야 한다. 천부인권의 적과 싸우는 데 있어서 무기보다 필요한 게 그것이고 무기보다 효율적인 것이 그것이다. 그래서 간곡히 청원한다. 두 나라의 동맹은 무력을 주고받았던 신미양요가 아니라 초대 대통령 이승만 박사가 최초로 독립선언문을 한글로 옮겼을 때 태동하여 해방 후 자유민주공화국의 출범으로 꽃이 피었고 한미동맹 조약으로 열매를 맺게 되었다. 그 씨앗이 뭐였더라?

전직 코리안, 현직 아메리칸으로서 나는 알고 있다. 한국인들은 미국을 사랑하고 싶어 한다. 그래서 MLB도, MBA도. 빌보드도, 할리우드도 탐닉한다. 그런데 뭔가가 허전하다. 핵심이 빠졌기 때문이다. 아메리카의 얼, 자유민주주의의 정신을 가감 없이 보여 주기만 해도 금방 채워질 허전함이다. 그게 바로 독립선언문이다. 다 해놓고 이렇게 떠먹여 주기까지 하는데, 그게 그리 어렵나?

미합중국 건국의 아버지들을 서른다섯 분이나 모시면서 나는 이 말을 할 수 있게 되었다.

"주한미국대사관은 홈페이지를 개선하라." 건국의 아버지들의 준엄한 명령이다.

2023년 5월 11일

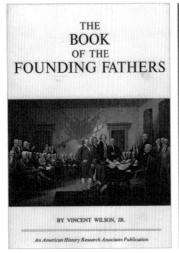
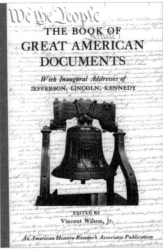

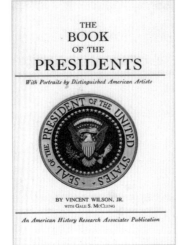
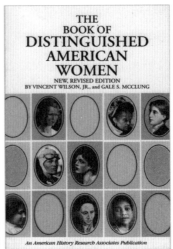

각권 $10.00 + Shipping

원서구입 문의: frontierpublications@naver.com